宪法基本知识
青少年读本

XIANFA JIBEN ZHISHI
QINGSHAONIAN DUBEN

（修订版）

教育部习近平新时代中国特色社会主义思想研究中心　组编

人 民 出 版 社

为什么设立国家宪法日

2014年12月4日早上6点半，初中一年级学生明明就起床了。妈妈问他为什么今天提前半小时起床，明明神秘地告诉妈妈："今天早上有重要事情要做。"他穿上崭新的校服，还系上好看的小领带。吃了早饭，在去学校的路上，明明才告诉妈妈，今天学校第一次组织全校学生朗诵宪法。妈妈恍然大悟，今天是我国第一个国家宪法日！

7点半到了学校，明明看到同学们都像过年一样兴奋，这的确是个大节日！8点钟大家分班整齐集合在大操场上，每人手里拿着一本《中华人民共和国宪法》（以下简称《宪法》）。先是升旗仪式，今天的《义勇军进行曲》大家唱得特别来劲，同学们高高举起右手，向冉冉升起的国旗敬礼！紧接着，张校长向大家讲话。他说："我国现行宪法，是在1954年宪法的基础上，于1982年12月4日由第五届全国人大第五次会议通过的。2014年11月1日，第十二届全国人大常委会第十一次会议通过决定，把12月4日设立为国家宪法日。今天是第一个国家宪法日。我们朗诵宪法，一起向共和国宪法表达我们最崇高的敬意，并宣誓共同遵守宪

法，更加努力学习，为中华民族伟大复兴做贡献。"

张校长和老师们一起，带领大家大声朗诵宪法序言部分内容和部分条款。

集体朗诵完毕，大家回到教室开始上课。正好第一节课是班主任秦老师的语文课。他问同学们："今天全国 40 万所中小学学生都在同一时间朗读宪法，这可是第一次这么多人一起晨读宪法。同学们知道我们为什么要朗读宪法吗？今天还有很多在政府、司法机关工作的叔叔阿姨向宪法宣誓，以后国家领导人就职的时候都要向宪法宣誓，表达对宪法的敬畏和忠诚。同学们知道全国人民为什么这么重视宪法吗？"

很多同学摇摇头，表示不清楚。明明举手发言："因为宪法很重要，国家希望大家都知道宪法、记得宪法吧！"

　　秦老师夸奖明明说得对。他又接着问："宪法为什么重要呢?"秦老师告诉大家："每一个国家都要制定很多法律,宪法就是这些法律中最重要的法律,与国家前途、人民命运息息相关,与每一个公民、每一个小朋友也都有密切关系。正因为如此,才设立了国家宪法日。我们今天早上一起晨读宪法,就是希望大家从小开始,学习宪法,记得宪法,信仰宪法,学会按照宪法办事,当好国家小主人,自觉恪守宪法原则,弘扬宪法精神,履行宪法使命,长大后做一个合格的中华人民共和国公民。"

　　秦老师说："从现在开始,每年 12 月 4 日我们都要一起朗读宪法,庆祝国家宪法日。中小学课本将增加宪法知识,我们将不断地给大家讲有关宪法的故事。"

　　同学们高兴地回答："好!"

第一部分
为什么需要宪法

一、我们的国家——中华人民共和国

我们的国家——中华人民共和国，简称"中国"，是世界上历史最悠久的国家之一。几千年来，中国人民在中华大地上创造了光辉灿烂的文化，形成了统一的中华民族，创造了优秀的文化传统和光荣的革命传统。

1840 年以后，由于西方列强的入侵，中国逐渐演变成半殖民地半封建的国家。中国人民陷入内忧外患之中，大片山河沦陷，人民生灵涂炭。中国人民为国家独立、民族解放和民主自由进行了前仆后继、艰苦卓绝的斗争，付出了巨大的牺牲，无数中华儿女献出了自己宝贵的生命。

1911 年，革命先行者孙中山先生领导的辛亥革命，废除了封建帝制，创立中华民国，取得了民主主义革命的初步胜利。但是，中国人民反对帝国主义和封建主义的历史任务还远远没有完成。

1921 年，中国共产党成立。经过长期的艰难曲折的武装斗争和其他形式的斗争，党领导人民终于推翻了帝国主义、封建主义和官僚资本主义的统治，取得了新民主主义革命的伟大胜利。1949 年 10 月 1 日，建立了中华人民共和国，成立了真正属于人民的新政权。中国人民从此掌握了国家权力和自己的命运，成为国家的主人。

中华人民共和国有约 960 万平方公里的陆地和辽阔的海洋国土，是世界上领土面积最大的国家之一，在这片大地上，生活着 14 亿多中国人民，是世界上人口最多的国家。

经过 70 多年的艰苦努力，特别是改革开放以来 40 多年的奋斗，我们克服了各种艰难险阻，国家各方面建设和发展取得了巨大成就，成为世界上举足轻重的大国，自立于世界民族之林。

2012 年中国共产党第十八次全国代表大会以来，全国人民在中国共产党领导下，万众一心、众志成城，为实现中华民族伟大复兴的中国梦而更加努力奋斗。

二、什么是宪法

每一个家庭都有各种各样的家规，例如爸爸妈妈不让孩子做这个、做那个，什么事情能做、如何做，爸爸妈妈给孩子立了很多规矩。对于绝大多数家长来说，立这些规矩，都是为了孩子好，为了孩子的健康成长。一个家庭只有几个人都要立规矩，何况我们共同的"家"、最大的"家"——"国家"有这么多人，这么多事情，就更得立规矩了。治理国家

石家庄市法制公园内，市民在通过浮雕墙了解有关宪法知识

必须制定各种各样的规矩，法律就是最重要的规矩，而宪法就是法律的法律，是规矩的规矩，或者说是最大的规矩。我国宪法是全国人民代表大会代表全国人民为国家也为我们每一个公民制定的国家的根本大法，是治国安邦的总章程，在全国具有最高的法律地位、最高的法律权威和最高的法律效力。

人们称宪法为"母法"，即一切法律之母。为什么这么说呢？

任何一个团体都要有一个章程，宪法就是国家的总章程。它规定了国家的根本制度和根本任务，国家所有重大的政治、经济、文化、社会制度等都要由宪法来规定，国家的发展目标、方向和任务也都要由宪法来明确。国家的发展必须根据宪法设定的方向、按照宪法规定的制度规则去发展，一刻也不能偏离宪法设定的轨道。

宪法限制约束国家的公共权力，确保公共权力只能给人民做好事，而不能伤害人民。把权力关进制度的笼子里，首先就是要把公共权力放入宪法这个最大、最重要的笼子里。

实践证明，宪法是保证人民根本利益的最有力的武器。它规定了公民享有的基本权利，如果有人侵犯了宪法赋予你的权利，你就可以拿起宪法保护自己。宪法保护我们每一位公民的基本权利。当然，宪法也规定了每位公民应该履行的义务。

宪法还规范国家行为，规定政府如何组成，国家和地方领导人如何产生，他们有什么职权和责任。同时，宪法还为政府该做什么、不该做什么提供最重要的指导，保证政府全心全意为人民服务，保护公民的合法权益不受侵害。

宪法是民主的制度化和法律化，规定了人民当家做主的各种规则，并规范国家的政治行为，以此保障我们的制度不因领导人的改变而改变，不因领导人的看法和注意力的改变而改变。人民是国家的主人，我国有 14 亿多人，这么多主人如何治理国家呢？那就必须制定法律规则，大家按照这些规则行使自己的民主权利。如果没有法律规则，人人自行其是，社会就会混乱，国家就不复存在。因此，宪法是实现民主制度化、法律化的根本保障。

正因为宪法是由全国人民代表大会制定的国家最根本的

法律，人民赋予宪法以最高法律约束力，因此，任何法律、行政法规、地方性法规等都不得违反宪法，不得同宪法相抵触，否则就是无效的。宪法还要求一切国家机关和武装力量、各政党和各社会团体、各企业事业组织，都必须遵守宪法和法律。一切违反宪法和法律的行为，必须予以追究。任何组织或者个人都不得有超越宪法和法律的特权。

三、为什么需要宪法

我们为什么需要宪法呢？

第一，宪法是国家最重要的规则，是国家改革、发展、稳定的"定海神针"，在国家治理和社会治理中居于统领地位。依法治国，首先是依宪治国；依法执政，关键是依宪执政。宪法为国家政治和法治提供基本运行规则、价值导向、发展路径和发展方向，是国家政治和法治的核心、灵魂和基础。依法治国必须以依宪治国为中心来展开，必须把法治建立在国家宪法基础之上。

立宪就是立规矩，为国家制定最重要的规矩，约束国家和公民的行为，告诉这个国家及其公民必须遵守的规矩、戒律是什么，并以国家强制力保证这些规矩、戒律得以执行；同时，告诉后人最重要的经验教训是什么，避免后人再走前人走过的弯路，再重复以前发生过的悲剧。因此，宪法的出现是人类文明进步的巨大飞跃。

要论链接

坚持依法治国首先要坚持依宪治国

坚持依法执政首先要坚持依宪执政

——《中共中央关于全面推进依法治国
若干重大问题的决定》

第二，宪法规范国家权力。宪法就是人民颁发给政权的
"营业执照"和操作手册，是限制国家权力的笼子。把权力
关进笼子里，本质上就是为权力立规矩，规范权力的行使，
约束政府的行为。例如，国家机关及其领导人的产生、更替
都要由宪法来规定，其职权的行使都要根据宪法来运行。国
家权力必须来源于宪法和法律，权力必须服从宪法和法律。
用宪法和法律限制、规范权力行使，这是国家治理体系和治
理能力现代化的重要标志。

要论链接

权力是一把双刃剑，在法治轨道上行
使可以造福人民，在法律之外行使则必然
祸害国家和人民。把权力关进制度的笼子
里，就是要依法设定权力、规范权力、制
约权力、监督权力。

——习近平

　　第三，宪法保障人权。宪法的重要功能之一是保障人权，它是公民的"护身符"和"通行证"，是维护文明社会的底线。宪法权利都是基本权利，是人民拥有的法定权利，政府不得侵犯。宪法第二章规定了我国公民享有的各项基本权利和自由。当然，宪法也要求我们在行使权利的时候，不得危害国家的、社会的利益，不得危害其他公民的合法权利。因此，公民行使权利、维护自己的人权，也必须严格依据宪法和法律。

　　第四，宪法还有一个重要功能，就是确立共同的公民身份，维系国家的统一。宪法表述的是共同的政治认同，即宪法确立的国家政权，以及超越民族、种族、地域、性别、阶级等差异和区别的全国统一的公民身份认同，这是维护国家统一和民族团结的基础。

第二部分

宪法是怎么来的

无论西方还是中国，宪法的产生和发展都经历了一个漫长而艰辛的过程。当然，由于各国政治、经济、文化等条件不同，其宪法产生和发展的历史因此也有着较大的区别。那么，不同国家宪法的产生和发展究竟各自经历了怎样的过程呢？特别是新中国宪法的产生与发展又经历了怎样的过程呢？

一、西方宪法和中国近现代宪法的产生与发展

1. 西方宪法的产生与发展

近代意义上的宪法是资产阶级革命的产物，最早产生于早期发生资产阶级革命的英、美、法等国。

英国被人们公认为是近代宪法的先驱。1215年，英国贵族迫使国王签署了限制国王权力、保障贵族和教士权利的《自由大宪章》。这部文件被认为是近代宪法的萌芽，迄今已

经有 800 多年历史，直接影响了后来英国法治的确立。1640 年，英国爆发资产阶级革命，以国王为代表的封建势力与新兴资产阶级进行了长期的斗争。1689 年，资产阶级主导下的英国议会颁布了《权利法案》，实际上在英国确立了议会至上的君主立宪制。英国宪法就是几百年来由英国国会制定的这些宪法性法律加上宪法惯例和判例等构成的"不成文宪法"。

美国宪法对于后世宪法的发展也有着十分重要的意义。1775 年，美国爆发反抗英国殖民统治的独立战争。此后，大陆会议通过了《邦联条例》，成为美国宪法产生前的宪法性文件。1787 年 5 月 25 日，制宪会议在费城召开，来自 12 个州的 55 名代表在经过 3 个多月的激烈争论后最终达成妥协，通过了宪法草案。1789 年，《美利坚合众国宪法》正式生效，这部宪法由序言和 7 条正文组成，确立了三权分立、联邦主义、

一本专为美国首任总统乔治·华盛顿印制的《美利坚合众国宪法及权利法案》

代议制政府等原则，是世界历史上第一部成文宪法典。美国宪法生效以来，美国人民根据时代发展的需要，对这部宪法进行了一些修正，目前除了正文，还有 27 条修正案。

1789 年 7 月，法国爆发资产阶级大革命。同年 8 月，国民议会制定了《人权和公民权利宣言》（简称《人权宣言》），成为法国历史上第一部具有近代宪法意义的宪法性文件。1791 年，法国第一部宪法诞生，这部宪法以《人权宣言》为序言，是欧洲大陆第一部成文宪法典。之后，法国经历了多次革命、复辟、共和，政体改变频繁，一直到 1958 年重新制定宪法，即第五共和国宪法，法国宪法才稳定下来。

2. 中国近现代宪法的产生与发展

1840 年鸦片战争爆发以后的 100 多年中，中国各种政治势力围绕着制宪、修宪展开了一系列斗争。

《钦定宪法大纲》　1908 年 9 月，摇摇欲坠的清政府为了缓解阶级矛盾，压制人民革命，以 1889 年《大日本帝国宪法》为蓝本，制定颁布了《钦定宪法大纲》。《钦定宪法大纲》实质上是一部巩固封建君主权力、带有浓厚封建色彩的宪法性文件。

《中华民国临时约法》　1911 年，孙中山领导的辛亥革命推翻了封建君主专制，建立了中华民国，但由于民族资产阶级的软弱性特别是历史局限性，孙中山被迫将临时大总统的职位让给袁世凯。为制约袁世凯的政治野心，南京临时政

府于 1912 年 3 月颁布了《中华民国临时约法》，确立了主权在民、人人平等、三权分立等基本原则，赋予了公民广泛的权利与自由，是中国历史上唯一一部资产阶级共和国性质的宪法文件，具有深远的历史影响。但《中华民国临时约法》存在只有一年多的时间，尚未来得及真正全面实施便被袁世凯所废弃。

《中华民国约法》 1914 年 5 月，由袁世凯组织的"约法会议"公布的《中华民国约法》，赋予大总统至高无上的权力，与封建君主无异，史称"袁记约法"，是袁世凯用来满足其专制欲望的工具，为他日后登基称帝奠定了基础。

《中华民国宪法》 1923 年，直系军阀曹锟派兵包围国会，贿赂议员选举他为大总统，匆忙通过《中华民国宪法》，史称"贿选宪法"，是中国近代史上第一部正式宪法，但其实质是确认军阀专制独裁统治的宪法。

《中华民国训政时期约法》 北伐战争胜利后，蒋介石发动反革命政变，于 1927 年建立南京国民政府。为了欺骗人民，以蒋介石为代表的南京国民政府也推行起了立宪的骗局。1931 年 5 月，由国民会议以《训政纲领》为基础制定的《中华民国训政时期约法》，是国民党政府的第一部宪法性文件，确认了国民党的一党专政和蒋介石的个人独裁。

《中华民国宪法》 抗战胜利后，国民党发动内战，为了欺骗舆论，于 1947 年 1 月公布了《中华民国宪法》，在形式上确认了主权在民、三民主义，并用专章规定人民的权利与义务，但仍然确认国民党的一党专制与总统的至上权力。

二、新中国的宪法

1949 年新中国成立后，以中国共产党为代表的全国各族人民为了巩固革命成果，开启了制宪、修宪的进程。

1.《中国人民政治协商会议共同纲领》

1949 年，解放战争还在进行，当时还不具备召开全国人民代表大会制定正式宪法的条件。在此背景下，中国共产党联合各民主党派、各人民团体、人民解放军、各地区、各民族以及国外华侨等各方面代表 600 余人，组成中国人民政治协商会议，代表全国人民行使全国人民代表大会的职权。1949 年 9 月 29 日，政协第一届全体会议通过了《中国人民政治协商会议共同纲领》。

《中国人民政治协商会议共同纲领》包括序言、7 章 60 条。它肯定了中国人民革命的胜利成果，宣告了帝国主义、封建主义、官僚资本主义在中国统治的结束和人民共和国的成立；确认我国为新民主主义国家，实行人民民主专政；确认人民代表大会制度为中国的政权组织形式，规定国家政权属于人民，取消帝国主义的一切在华特权；没收官僚资本，进行土地改革；规定了中国的各项基本政策；规定了公民的各项基本权利与自由。

《中国人民政治协商会议共同纲领》在新中国成立初期发挥着临时宪法的作用，也为中国正式宪法的制定与实施积

累了经验、创造了条件。

2.1954 年宪法

新中国成立几年后，国家经济社会状况发生了很大变化。根据国家新形势和社会发展的客观要求，中国需要制定一部正式宪法。

第一届全国人民代表大会第一次会议于 1954 年 9 月 20 日通过了《中华人民共和国宪法》，这是中华人民共和国第一部宪法。毛泽东亲自主持制定的这部宪法，贯穿了人民民主和社会主义原则，体现了原则性和灵活性的结合，促进了

1954 年 9 月 21 日，首都群众聚集天安门广场庆祝中华人民共和国宪法的诞生

我国社会主义建设事业的发展。

1954 年宪法除序言外，分为总纲、国家机构、公民的基本权利和义务及国旗、国徽、首都，共 4 章 106 条。这部宪法，确认了我国是工人阶级领导的、以工农联盟为基础的人民民主国家，规定了政权组织形式是人民代表大会制度；确认了公民在法律上的一律平等，赋予了公民广泛的权利和自由。

 资料链接

1954 年宪法起草委员会组成人员

主席：毛泽东

委员（32 人）：朱德、宋庆龄、李济深、李维汉、何香凝、沈钧儒、沈雁冰、周恩来、林伯渠、林枫、胡乔木、高岗、乌兰夫、马寅初、马叙伦、陈云、陈叔通、陈伯达、陈嘉庚、张澜、郭沫若、习仲勋、黄炎培、彭德怀、程潜、董必武、刘少奇、邓小平、邓子恢、赛福鼎、薄一波、饶漱石

3.1975 年宪法

我国社会主义改造的完成给中国带来的根本变化，要求对 1954 年宪法作出修改，但由于"左"的思想干扰与"文化大革命"的冲击，直到 1975 年 1 月 17 日第四届全国人民代表大会第一次会议才对 1954 年宪法进行了全面修改，通

过了 1975 年宪法。

这部宪法共 4 章 30 条，由于在特殊历史条件下修改，不可避免地存在严重的缺点：将"无产阶级专政"改为"全面专政"；规定了一系列极左的城乡经济政策；缩小了公民基本权利与自由的范围；以空洞的口号代替法律条文。与 1954 年宪法相比，1975 年宪法是一次大倒退。

4.1978 年宪法

"文化大革命"结束后，为适应新的历史时期的需要，1978 年 3 月 5 日第五届全国人民代表大会第一次会议对 1975 年宪法进行了较全面的修改，通过了 1978 年宪法。

1978 年宪法除序言外，分总纲、国家机构、公民的基本权利与义务以及国旗、国徽、首都，共 4 章 60 条。它取消了"全面专政"的规定；恢复了检察机关；增添了公民的权利与自由；反映了人民要求发扬社会主义民主、健全社会主义法制的强烈愿望，在一定程度上纠正了 1975 年宪法的缺陷。由于当时"左"的思想还未完全清除，1978 年宪法也存在一些问题，比如肯定"文化大革命"的成就，坚持以阶级斗争为纲，规定大鸣、大放、大辩论、大字报仍是公民权利之一等。

1978 年宪法经历了 1979 年与 1980 年的两次修改，但依然未恢复到 1954 年宪法的水平，且愈发不适应形势发展的需要，全面修改被提上日程。

从新中国建立之初到 1980 年，三部宪法充分反映了中国社会的变化与政治的变革。1954 年宪法最为先进完善，而 1975 年宪法与 1978 年宪法作为特殊历史时期的产物，都很不完善。

5.1982 年宪法

改革开放以来，中国社会发生了深刻变化，对 1978 年宪法进行全面修改势在必行。1980 年 9 月，第五届全国人民代表大会第三次会议接受中共中央的建议，决定修改宪法，并成立了宪法修改委员会。宪法修改委员会在广泛征求并认真讨论各方面意见的基础上，将宪法草案提交全国人民代表大会审议。第五届全国人民代表大会第五次会议于 1982 年 12 月 4 日通过了新的《中华人民共和国宪法》，即现行的 1982 年宪法。

 资料链接

1982 年宪法修改委员会组成人员

主任委员：叶剑英

副主任委员：宋庆龄（女）、彭真

委员（103 人）：丁光训、万里、习仲勋、王震、王任重、王昆仑、王首道、韦国清（壮族）、乌兰夫（蒙古族）、方毅、邓小平、邓颖超（女）、叶圣陶、史良（女）、包尔汉（维吾尔族）、朱学范、朱蕴山、伍觉天、华国锋、华罗庚、庄希泉、刘斐、刘念智、刘澜涛、江华（瑶族）、许世友、许德珩、孙起孟、孙晓村、苏子蘅、李井泉、李先念、李维汉、李德生、杨秀峰、杨尚昆、杨得志、杨静仁（回族）、萧克、萧劲光、吴贻芳、余秋里、谷牧、何长工、沙千里、沈雁冰、宋任穷、张冲（彝族）、张廷发、张爱萍、陆定一、阿沛·阿旺晋美（藏族）、陈云、陈此生、陈慕华（女）、茅以升、帕巴拉·格列朗杰（藏族）、季方、周扬、周谷城、周叔弢、周建人、周培源、赵朴初、赵紫阳、荣毅仁、胡子昂、胡子婴（女）、胡乔木、胡厥文、胡愈之、胡耀邦、费孝通、费彝民、姚依林、耿飚、班禅额尔德尼·确吉坚赞（藏族）、聂荣臻、钱昌照、倪志福、徐向前、郭棣活、姬鹏飞、黄华、黄火青、黄克诚、黄鼎臣、康世恩、康克清（女）、梁漱溟、韩英、彭冲、彭迪先、董其武、粟裕、程子华、程思远、蔡啸、廖承志、赛福鼎（维吾尔族）、谭震林、缪云台、薄一波

1982年宪法除序言外，包括总纲、公民的基本权利和义务、国家机构以及国旗、国歌、国徽、首都四部分，共4章138条，后又经过五次修改。现行宪法的主要内容有：明确了国家的根本任务；确立了宪法的根本法地位和最高法律效力；规定了社会主义制度是我国的根本制度；规定了国家的一切权力属于人民；规定了人民代表大会制度是我国的根本政治制度；明确我国实行依法治国，建设社会主义法治国家；规定我国实行社会主义市场经济；确立国家尊重和保障

人权；规定了平等权、选举权和被选举权、表达自由、宗教信仰自由等公民的基本权利；规定了全国人民代表大会及其常务委员会、国家主席、国务院等国家机构的产生和职权划分；规定了我国的国旗、国歌、国徽、首都。

 资料链接

五次修改宪法的内容

宪法修正案	内　　容
1988 年修正案	第一条：宪法第十一条增加规定："国家允许私营经济在法律规定的范围内存在和发展。私营经济是社会主义公有制经济的补充。国家保护私营经济的合法的权利和利益，对私营经济实行引导、监督和管理。"
	第二条：宪法第十条第四款："任何组织或者个人不得侵占、买卖、出租或者以其他形式非法转让土地。"修改为："任何组织或者个人不得侵占、买卖或者以其他形式非法转让土地。土地的使用权可以依照法律的规定转让。"
1993 年修正案	第三条：宪法序言第七自然段后两句："今后国家的根本任务是集中力量进行社会主义现代化建设。中国各族人民将继续在中国共产党领导下，在马克思列宁主义、毛泽东思想指引下，坚持人民民主专政，坚持社会主义道路，不断完善社会主义的各项制度，发展社会主义民主，健全社会主义法制，自力更生，艰苦奋斗，逐步实现工业、农业、国防和科学技术的现代化，把我国建设成为高度文明、高度民主的社会主义国家。"修改为："我国正处于社会主义初级阶段。国家的根本任务是，根据建设有中国特色社会主义的理论，集中力量进行社会主义现代化建设。中国各族人民将继续在中国共产党领导下，在马克思列宁主义、毛泽东思想指引下，坚持人民民主专政，坚持社会主义道路，坚持改革开放，不断完善社会主义的各项制度，发展社会主义民主，健全社会主义法制，自力更生，艰苦奋斗，逐步实现工业、农业、国防和科学技术的现代化，把我国建设成为富强、民主、文明的社会主义国家。"

宪法修正案	内　　容
	第四条：宪法序言第十自然段末尾增加："中国共产党领导的多党合作和政治协商制度将长期存在和发展。"
	第五条：宪法第七条："国营经济是社会主义全民所有制经济，是国民经济中的主导力量。国家保障国营经济的巩固和发展。"修改为："国有经济，即社会主义全民所有制经济，是国民经济中的主导力量。国家保障国有经济的巩固和发展。"
	第六条：宪法第八条第一款："农村人民公社、农业生产合作社和其他生产、供销、信用、消费等各种形式的合作经济，是社会主义劳动群众集体所有制经济。参加农村集体经济组织的劳动者，有权在法律规定的范围内经营自留地、自留山、家庭副业和饲养自留畜。"修改为："农村中的家庭联产承包为主的责任制和生产、供销、信用、消费等各种形式的合作经济，是社会主义劳动群众集体所有制经济。参加农村集体经济组织的劳动者，有权在法律规定的范围内经营自留地、自留山、家庭副业和饲养自留畜。"
	第七条：宪法第十五条："国家在社会主义公有制基础上实行计划经济。国家通过经济计划的综合平衡和市场调节的辅助作用，保证国民经济按比例地协调发展。""禁止任何组织或者个人扰乱社会经济秩序，破坏国家经济计划。"修改为："国家实行社会主义市场经济。""国家加强经济立法，完善宏观调控。""国家依法禁止任何组织或者个人扰乱社会经济秩序。"
	第八条：宪法第十六条："国营企业在服从国家的统一领导和全面完成国家计划的前提下，在法律规定的范围内，有经营管理的自主权。""国营企业依照法律规定，通过职工代表大会和其他形式，实行民主管理。"修改为："国有企业在法律规定的范围内有权自主经营。""国有企业依照法律规定，通过职工代表大会和其他形式，实行民主管理。"
	第九条：宪法第十七条："集体经济组织在接受国家计划指导和遵守有关法律的前提下，有独立进行经济活动的自主权。""集体经济组织依照法律规定实行民主管理，由它的全体劳动者选举和罢免管理人员，决定经营管理的重大问题。"修改为："集体经济组织在遵守有关法律的前提下，有独立进行经济活动的自主权。""集体经济组织实行民主管理，依照法律规定选举和罢免管理人员，决定经营管理的重大问题。"

宪法修正案	内　　容
	第十条：宪法第四十二条第三款："劳动是一切有劳动能力的公民的光荣职责。国营企业和城乡集体经济组织的劳动者都应当以国家主人翁的态度对待自己的劳动。国家提倡社会主义劳动竞赛，奖励劳动模范和先进工作者。国家提倡公民从事义务劳动。"修改为："劳动是一切有劳动能力的公民的光荣职责。国有企业和城乡集体经济组织的劳动者都应当以国家主人翁的态度对待自己的劳动。国家提倡社会主义劳动竞赛，奖励劳动模范和先进工作者。国家提倡公民从事义务劳动。"
	第十一条：宪法第九十八条："省、直辖市、设区的市的人民代表大会每届任期五年。县、不设区的市、市辖区、乡、民族乡、镇的人民代表大会每届任期三年。"修改为："省、直辖市、县、市、市辖区的人民代表大会每届任期五年。乡、民族乡、镇的人民代表大会每届任期三年。"
1999年修正案	第十二条：宪法序言第七自然段："中国新民主主义革命的胜利和社会主义事业的成就，都是中国共产党领导中国各族人民，在马克思列宁主义、毛泽东思想的指引下，坚持真理，修正错误，战胜许多艰难险阻而取得的。我国正处于社会主义初级阶段。国家的根本任务是，根据建设有中国特色社会主义的理论，集中力量进行社会主义现代化建设。中国各族人民将继续在中国共产党领导下，在马克思列宁主义、毛泽东思想指引下，坚持人民民主专政，坚持社会主义道路，坚持改革开放，不断完善社会主义的各项制度，发展社会主义民主，健全社会主义法制，自力更生，艰苦奋斗，逐步实现工业、农业、国防和科学技术的现代化，把我国建设成为富强、民主、文明的社会主义国家。"修改为："中国新民主主义革命的胜利和社会主义事业的成就，是中国共产党领导中国各族人民，在马克思列宁主义、毛泽东思想的指引下，坚持真理，修正错误，战胜许多艰难险阻而取得的。我国将长期处于社会主义初级阶段。国家的根本任务是，沿着建设有中国特色社会主义的道路，集中力量进行社会主义现代化建设。中国各族人民将继续在中国共产党领导下，在马克思列宁主义、毛泽东思想、邓小平理论指引下，坚持人民民主专政，坚持社会主义道路，坚持改革开放，不断完善社会主义的各项制度，发展社会主义市场经济，发展社会主义民主，健全社会主义法制，自力更生，艰苦奋斗，逐步实现工业、农业、国防和科学技术的现代化，把我国建设成为富强、民主、文明的社会主义国家。"

宪法修正案	内　　容
	第十三条：宪法第五条增加一款，作为第一款，规定："中华人民共和国实行依法治国，建设社会主义法治国家。"
	第十四条：宪法第六条："中华人民共和国的社会主义经济制度的基础是生产资料的社会主义公有制，即全民所有制和劳动群众集体所有制。""社会主义公有制消灭人剥削人的制度，实行各尽所能，按劳分配的原则。"修改为："中华人民共和国的社会主义经济制度的基础是生产资料的社会主义公有制，即全民所有制和劳动群众集体所有制。社会主义公有制消灭人剥削人的制度，实行各尽所能、按劳分配的原则。""国家在社会主义初级阶段，坚持公有制为主体、多种所有制经济共同发展的基本经济制度，坚持按劳分配为主体、多种分配方式并存的分配制度。"
	第十五条：宪法第八条第一款："农村中的家庭联产承包为主的责任制和生产、供销、信用、消费等各种形式的合作经济，是社会主义劳动群众集体所有制经济。参加农村集体经济组织的劳动者，有权在法律规定的范围内经营自留地、自留山、家庭副业和饲养自留畜。"修改为："农村集体经济组织实行家庭承包经营为基础、统分结合的双层经营体制。农村中的生产、供销、信用、消费等各种形式的合作经济，是社会主义劳动群众集体所有制经济。参加农村集体经济组织的劳动者，有权在法律规定的范围内经营自留地、自留山、家庭副业和饲养自留畜。"
	第十六条：宪法第十一条："在法律规定范围内的城乡劳动者个体经济，是社会主义公有制经济的补充。国家保护个体经济的合法的权利和利益。""国家通过行政管理，指导、帮助和监督个体经济。""国家允许私营经济在法律规定的范围内存在和发展。私营经济是社会主义公有制经济的补充。国家保护私营经济的合法的权利和利益，对私营经济实行引导、监督和管理。"修改为："在法律规定范围内的个体经济、私营经济等非公有制经济，是社会主义市场经济的重要组成部分。""国家保护个体经济、私营经济的合法的权利和利益。国家对个体经济、私营经济实行引导、监督和管理。"

宪法修正案	内　容
	第十七条：宪法第二十八条："国家维护社会秩序，镇压叛国和其他反革命的活动，制裁危害社会治安、破坏社会主义经济和其他犯罪的活动，惩办和改造犯罪分子。"修改为："国家维护社会秩序，镇压叛国和其他危害国家安全的犯罪活动，制裁危害社会治安、破坏社会主义经济和其他犯罪的活动，惩办和改造犯罪分子。"
2004 年修正案	第十八条：宪法序言第七自然段中"在马克思列宁主义、毛泽东思想、邓小平理论指引下"修改为"在马克思列宁主义、毛泽东思想、邓小平理论和'三个代表'重要思想指引下"，"沿着建设有中国特色社会主义的道路"修改为"沿着中国特色社会主义道路"，"逐步实现工业、农业、国防和科学技术的现代化"之后增加"推动物质文明、政治文明和精神文明协调发展"。
	第十九条：宪法序言第十自然段第二句："在长期的革命和建设过程中，已经结成由中国共产党领导的，有各民主党派和各人民团体参加的，包括全体社会主义劳动者、拥护社会主义的爱国者和拥护祖国统一的爱国者的广泛的爱国统一战线，这个统一战线将继续巩固和发展。"修改为："在长期的革命和建设过程中，已经结成由中国共产党领导的，有各民主党派和各人民团体参加的，包括全体社会主义劳动者、社会主义事业的建设者、拥护社会主义的爱国者和拥护祖国统一的爱国者的广泛的爱国统一战线，这个统一战线将继续巩固和发展。"
	第二十条：宪法第十条第三款："国家为了公共利益的需要，可以依照法律规定对土地实行征用。"修改为："国家为了公共利益的需要，可以依照法律规定对土地实行征收或者征用并给予补偿。"
	第二十一条：宪法第十一条第二款："国家保护个体经济、私营经济的合法的权利和利益。国家对个体经济、私营经济实行引导、监督和管理。"修改为："国家保护个体经济、私营经济等非公有制经济的合法的权利和利益。国家鼓励、支持和引导非公有制经济的发展，并对非公有制经济依法实行监督和管理。"

宪法修正案	内　容
	第二十二条：宪法第十三条："国家保护公民的合法的收入、储蓄、房屋和其他合法财产的所有权。""国家依照法律规定保护公民的私有财产的继承权。"修改为："公民的合法的私有财产不受侵犯。""国家依照法律规定保护公民的私有财产权和继承权。""国家为了公共利益的需要，可以依照法律规定对公民的私有财产实行征收或者征用并给予补偿。"
	第二十三条：宪法第十四条增加一款，作为第四款："国家建立健全同经济发展水平相适应的社会保障制度。"
	第二十四条：宪法第三十三条增加一款，作为第三款："国家尊重和保障人权。"第三款相应地改为第四款。
	第二十五条：宪法第五十九条第一款："全国人民代表大会由省、自治区、直辖市和军队选出的代表组成。各少数民族都应当有适当名额的代表。"修改为："全国人民代表大会由省、自治区、直辖市、特别行政区和军队选出的代表组成。各少数民族都应当有适当名额的代表。"
	第二十六条：宪法第六十七条全国人民代表大会常务委员会职权第二十项"（二十）决定全国或者个别省、自治区、直辖市的戒严"修改为"（二十）决定全国或者个别省、自治区、直辖市进入紧急状态"。
	第二十七条：宪法第八十条："中华人民共和国主席根据全国人民代表大会的决定和全国人民代表大会常务委员会的决定，公布法律，任免国务院总理、副总理、国务委员、各部部长、各委员会主任、审计长、秘书长，授予国家的勋章和荣誉称号，发布特赦令，发布戒严令，宣布战争状态，发布动员令。"修改为："中华人民共和国主席根据全国人民代表大会的决定和全国人民代表大会常务委员会的决定，公布法律，任免国务院总理、副总理、国务委员、各部部长、各委员会主任、审计长、秘书长，授予国家的勋章和荣誉称号，发布特赦令，宣布进入紧急状态，宣布战争状态，发布动员令。"

宪法修正案	内　容
	第二十八条：宪法第八十一条："中华人民共和国主席代表中华人民共和国，接受外国使节；根据全国人民代表大会常务委员会的决定，派遣和召回驻外全权代表，批准和废除同外国缔结的条约和重要协定。"修改为："中华人民共和国主席代表中华人民共和国，进行国事活动，接受外国使节；根据全国人民代表大会常务委员会的决定，派遣和召回驻外全权代表，批准和废除同外国缔结的条约和重要协定。"
	第二十九条：宪法第八十九条国务院职权第十六项"（十六）决定省、自治区、直辖市的范围内部分地区的戒严"修改为"（十六）依照法律规定决定省、自治区、直辖市的范围内部分地区进入紧急状态"。
	第三十条：宪法第九十八条："省、直辖市、县、市、市辖区的人民代表大会每届任期五年。乡、民族乡、镇的人民代表大会每届任期三年。"修改为："地方各级人民代表大会每届任期五年。"
	第三十一条：宪法第四章章名"国旗、国徽、首都"修改为"国旗、国歌、国徽、首都"。宪法第一百三十六条增加一款，作为第二款："中华人民共和国国歌是《义勇军进行曲》。"
2018年修正案	第三十二条：宪法序言第七自然段中"在马克思列宁主义、毛泽东思想、邓小平理论和'三个代表'重要思想指引下"修改为"在马克思列宁主义、毛泽东思想、邓小平理论、'三个代表'重要思想、科学发展观、习近平新时代中国特色社会主义思想指引下"；"健全社会主义法制"修改为"健全社会主义法治"；在"自力更生，艰苦奋斗"前增写"贯彻新发展理念"；"推动物质文明、政治文明和精神文明协调发展，把我国建设成为富强、民主、文明的社会主义国家"修改为"推动物质文明、政治文明、精神文明、社会文明、生态文明协调发展，把我国建设成为富强民主文明和谐美丽的社会主义现代化强国，实现中华民族伟大复兴"。这一自然段相应修改为："中国新民主主义革命的胜利和社会主义事业的成就，是中国共产党领导中国各族人民，在马克思列宁主义、毛泽东思想的指引下，坚持真理，修正错误，战胜许多艰难险阻而取得的。我国将长期处于社会主义初级阶段。国家

宪法修正案	内　容
	的根本任务是，沿着中国特色社会主义道路，集中力量进行社会主义现代化建设。中国各族人民将继续在中国共产党领导下，在马克思列宁主义、毛泽东思想、邓小平理论、'三个代表'重要思想、科学发展观、习近平新时代中国特色社会主义思想指引下，坚持人民民主专政，坚持社会主义道路，坚持改革开放，不断完善社会主义的各项制度，发展社会主义市场经济，发展社会主义民主，健全社会主义法治，贯彻新发展理念，自力更生，艰苦奋斗，逐步实现工业、农业、国防和科学技术的现代化，推动物质文明、政治文明、精神文明、社会文明、生态文明协调发展，把我国建设成为富强民主文明和谐美丽的社会主义现代化强国，实现中华民族伟大复兴。"
	第三十三条：宪法序言第十自然段中"在长期的革命和建设过程中"修改为"在长期的革命、建设、改革过程中"；"包括全体社会主义劳动者、社会主义事业的建设者、拥护社会主义的爱国者和拥护祖国统一的爱国者的广泛的爱国统一战线"修改为"包括全体社会主义劳动者、社会主义事业的建设者、拥护社会主义的爱国者、拥护祖国统一和致力于中华民族伟大复兴的爱国者的广泛的爱国统一战线"。这一自然段相应修改为："社会主义的建设事业必须依靠工人、农民和知识分子，团结一切可以团结的力量。在长期的革命、建设、改革过程中，已经结成由中国共产党领导的，有各民主党派和各人民团体参加的，包括全体社会主义劳动者、社会主义事业的建设者、拥护社会主义的爱国者、拥护祖国统一和致力于中华民族伟大复兴的爱国者的广泛的爱国统一战线，这个统一战线将继续巩固和发展。中国人民政治协商会议是有广泛代表性的统一战线组织，过去发挥了重要的历史作用，今后在国家政治生活、社会生活和对外友好活动中，在进行社会主义现代化建设、维护国家的统一和团结的斗争中，将进一步发挥它的重要作用。中国共产党领导的多党合作和政治协商制度将长期存在和发展。"
	第三十四条：宪法序言第十一自然段中"平等、团结、互助的社会主义民族关系已经确立，并将继续加强。"修改为："平等团结互助和谐的社会主义民族关系已经确立，并将继续加强。"

宪法修正案	内　容
	第三十五条：宪法序言第十二自然段中"中国革命和建设的成就是同世界人民的支持分不开的"修改为"中国革命、建设、改革的成就是同世界人民的支持分不开的"；"中国坚持独立自主的对外政策，坚持互相尊重主权和领土完整、互不侵犯、互不干涉内政、平等互利、和平共处的五项原则"后增加"坚持和平发展道路，坚持互利共赢开放战略"；"发展同各国的外交关系和经济、文化的交流"修改为"发展同各国的外交关系和经济、文化交流，推动构建人类命运共同体"。这一自然段相应修改为："中国革命、建设、改革的成就是同世界人民的支持分不开的。中国的前途是同世界的前途紧密地联系在一起的。中国坚持独立自主的对外政策，坚持互相尊重主权和领土完整、互不侵犯、互不干涉内政、平等互利、和平共处的五项原则，坚持和平发展道路，坚持互利共赢开放战略，发展同各国的外交关系和经济、文化交流，推动构建人类命运共同体；坚持反对帝国主义、霸权主义、殖民主义，加强同世界各国人民的团结，支持被压迫民族和发展中国家争取和维护民族独立、发展民族经济的正义斗争，为维护世界和平和促进人类进步事业而努力。"
	第三十六条：宪法第一条第二款："社会主义制度是中华人民共和国的根本制度。"后增写一句，内容为："中国共产党领导是中国特色社会主义最本质的特征。"
	第三十七条：宪法第三条第三款："国家行政机关、审判机关、检察机关都由人民代表大会产生，对它负责，受它监督。"修改为："国家行政机关、监察机关、审判机关、检察机关都由人民代表大会产生，对它负责，受它监督。"
	第三十八条：宪法第四条第一款中"国家保障各少数民族的合法的权利和利益，维护和发展各民族的平等、团结、互助关系。"修改为："国家保障各少数民族的合法的权利和利益，维护和发展各民族的平等团结互助和谐关系。"

宪法修正案	内　容
	第三十九条：宪法第二十四条第二款中"国家提倡爱祖国、爱人民、爱劳动、爱科学、爱社会主义的公德"修改为"国家倡导社会主义核心价值观，提倡爱祖国、爱人民、爱劳动、爱科学、爱社会主义的公德"。这一款相应修改为："国家倡导社会主义核心价值观，提倡爱祖国、爱人民、爱劳动、爱科学、爱社会主义的公德，在人民中进行爱国主义、集体主义和国际主义、共产主义的教育，进行辩证唯物主义和历史唯物主义的教育，反对资本主义的、封建主义的和其他的腐朽思想。"
	第四十条：宪法第二十七条增加一款，作为第三款："国家工作人员就职时应当依照法律规定公开进行宪法宣誓。"
	第四十一条：宪法第六十二条"全国人民代表大会行使下列职权"中增加一项，作为第七项"（七）选举国家监察委员会主任"，第七项至第十五项相应改为第八项至第十六项。
	第四十二条：宪法第六十三条"全国人民代表大会有权罢免下列人员"中增加一项，作为第四项"（四）国家监察委员会主任"，第四项、第五项相应改为第五项、第六项。
	第四十三条：宪法第六十五条第四款："全国人民代表大会常务委员会的组成人员不得担任国家行政机关、审判机关和检察机关的职务。"修改为："全国人民代表大会常务委员会的组成人员不得担任国家行政机关、监察机关、审判机关和检察机关的职务。"
	第四十四条：宪法第六十七条"全国人民代表大会常务委员会行使下列职权"中第六项"（六）监督国务院、中央军事委员会、最高人民法院和最高人民检察院的工作"修改为"（六）监督国务院、中央军事委员会、国家监察委员会、最高人民法院和最高人民检察院的工作"；增加一项，作为第十一项"（十一）根据国家监察委员会主任的提请，任免国家监察委员会副主任、委员"，第十一项至第二十一项相应改为第十二项至第二十二项。
	第四十五条：宪法第七十条第一款中"全国人民代表大会设立民族委员会、法律委员会、财政经济委员会、

宪法修正案	内　容
	教育科学文化卫生委员会、外事委员会、华侨委员会和其他需要设立的专门委员会。"修改为:"全国人民代表大会设立民族委员会、宪法和法律委员会、财政经济委员会、教育科学文化卫生委员会、外事委员会、华侨委员会和其他需要设立的专门委员会。"
	第四十六条:宪法第七十九条第三款"中华人民共和国主席、副主席每届任期同全国人民代表大会每届任期相同,连续任职不得超过两届。"修改为:"中华人民共和国主席、副主席每届任期同全国人民代表大会每届任期相同。"
	第四十七条:宪法第八十九条"国务院行使下列职权"中第六项"(六)领导和管理经济工作和城乡建设"修改为"(六)领导和管理经济工作和城乡建设、生态文明建设";第八项"(八)领导和管理民政、公安、司法行政和监察等工作"修改为"(八)领导和管理民政、公安、司法行政等工作"。
	第四十八条:宪法第一百条增加一款,作为第二款:"设区的市的人民代表大会和它们的常务委员会,在不同宪法、法律、行政法规和本省、自治区的地方性法规相抵触的前提下,可以依照法律规定制定地方性法规,报本省、自治区人民代表大会常务委员会批准后施行。"
	第四十九条:宪法第一百零一条第二款中"县级以上的地方各级人民代表大会选举并且有权罢免本级人民法院院长和本级人民检察院检察长。"修改为:"县级以上的地方各级人民代表大会选举并且有权罢免本级监察委员会主任、本级人民法院院长和本级人民检察院检察长。"
	第五十条:宪法第一百零三条第三款:"县级以上的地方各级人民代表大会常务委员会的组成人员不得担任国家行政机关、审判机关和检察机关的职务。"修改为:"县级以上的地方各级人民代表大会常务委员会的组成人员不得担任国家行政机关、监察机关、审判机关和检察机关的职务。"

宪法修正案	内　容
第五十一条	宪法第一百零四条中"监督本级人民政府、人民法院和人民检察院的工作"修改为"监督本级人民政府、监察委员会、人民法院和人民检察院的工作"。这一条相应修改为："县级以上的地方各级人民代表大会常务委员会讨论、决定本行政区域内各方面工作的重大事项；监督本级人民政府、监察委员会、人民法院和人民检察院的工作；撤销本级人民政府的不适当的决定和命令；撤销下一级人民代表大会的不适当的决议；依照法律规定的权限决定国家机关工作人员的任免；在本级人民代表大会闭会期间，罢免和补选上一级人民代表大会的个别代表。"
第五十二条	宪法第一百零七条第一款："县级以上地方各级人民政府依照法律规定的权限，管理本行政区域内的经济、教育、科学、文化、卫生、体育事业、城乡建设事业和财政、民政、公安、民族事务、司法行政、监察、计划生育等行政工作，发布决定和命令，任免、培训、考核和奖惩行政工作人员。"修改为："县级以上地方各级人民政府依照法律规定的权限，管理本行政区域内的经济、教育、科学、文化、卫生、体育事业、城乡建设事业和财政、民政、公安、民族事务、司法行政、计划生育等行政工作，发布决定和命令，任免、培训、考核和奖惩行政工作人员。"
第五十三条	宪法第三章"国家机构"中增加一节，作为第七节"监察委员会"；增加五条，分别作为第一百二十三条至第一百二十七条。内容如下： 　　第七节　监察委员会 　　第一百二十三条　中华人民共和国各级监察委员会是国家的监察机关。 　　第一百二十四条　中华人民共和国设立国家监察委员会和地方各级监察委员会。 　　监察委员会由下列人员组成： 　　主任， 　　副主任若干人， 　　委员若干人。 　　监察委员会主任每届任期同本级人民代表大会每届任期相同。国家监察委员会主任连续任职不得超过两届。 　　监察委员会的组织和职权由法律规定。

宪法修正案	内　容
	第一百二十五条　中华人民共和国国家监察委员会是最高监察机关。 　　国家监察委员会领导地方各级监察委员会的工作，上级监察委员会领导下级监察委员会的工作。 　　第一百二十六条　国家监察委员会对全国人民代表大会和全国人民代表大会常务委员会负责。地方各级监察委员会对产生它的国家权力机关和上一级监察委员会负责。 　　第一百二十七条　监察委员会依照法律规定独立行使监察权，不受行政机关、社会团体和个人的干涉。 　　监察机关办理职务违法和职务犯罪案件，应当与审判机关、检察机关、执法部门互相配合，互相制约。 　　第七节相应改为第八节，第一百二十三条至第一百三十八条相应改为第一百二十八条至第一百四十三条。

第三部分
国家性质

一、一切权力属于人民

我国宪法规定："中华人民共和国的一切权力属于人民。人民行使国家权力的机关是全国人民代表大会和地方各级人民代表大会。人民依照法律规定，通过各种途径和形式，管理国家事务，管理经济和文化事业，管理社会事务。"宪法这一规定体现了人民主权原则，那么，怎样理解这一原则呢?

人民是历史的创造者，是社会物质财富和精神财富的创造者，是人类文明的创造者。他们推进社会不断向前发展，是历史前行的根本力量。回顾我国革命、建设和改革的历程，人民始终是推动社会不断向前发展的力量源泉，是驱动历史前行的强大引擎。

我国宪法所规定的人民民主专政的社会主义国家性质，为人民管理国家事务，管理经济和文化事业，管理社会事务提供了根本保障。因此，在新中国，人民真正成为国家的主人，成为法律上的主权者。

人民是国家的主人，人民是国家权力的来源。我国的主权属于人民，政府的权力也是人民赋予的。我国宪法规定的人民民主专政的国体，是广大人民群众当家做主的政治前提；通过确认全国人民代表大会制度的政体，为人民行使国家权力提供组织保障；以公有制为主体，多种所有制经济共同发展的经济制度，是人民当家做主的经济基础；赋予公民选举权与被选举权，人民选举自己信赖的代表，通过他们行使管理国家事务和社会事务的权力。

法条链接

《宪法》第一条规定："中华人民共和国是工人阶级领导的、以工农联盟为基础的人民民主专政的社会主义国家。"

要论链接

我们的人民是伟大的人民。在漫长的历史进程中，中国人民依靠自己的勤劳、勇敢、智慧，开创了各民族和睦共处的美好家园，培育了历久弥新的优秀文化。

——习近平

人民对美好生活的向往，就是我们的奋斗目标。

——习近平

人民大会堂

可见，我国的人民主权原则具有广泛性和真实性。人民不仅能够管理自己的国家，而且随着经济社会的不断发展、进步，其权利日益丰富充实，利益也得到越来越充分的体现。

二、中国共产党的领导

中国共产党是中国工人阶级的先锋队，同时是中国人民和中华民族的先锋队，是中国特色社会主义事业的领导核心，代表中国先进生产力的发展要求，代表中国先进文化的前进方向，代表中国最广大人民的根本利益。党的最高理想和最终目标是实现共产主义。中国共产党坚持马克思主义基本原理与中国革命具体实践相结合，有正确的理论指导；坚持独立自主、自力更生，有铁的组织纪律性；集中了中华民族的优秀儿女，有强大的动员力量；坚持全心全意为人民服务的根本宗旨，与人民群众同心一体。

中国共产党的领导核心地位不是自封的，而是中国人民在中国革命、建设、改革的实践进程中所作出的历史性选择。一百多年来，党领导人民浴血奋战、百折不挠，创造了新民主主义革命的伟大成就；自力更生、发愤图强，创造了社会主义革命和建设的伟大成就；解放思想、锐意进取，创造了改革开放和社会主义现代化建设的伟大成就；自信自强、守正创新，创造了新时代中国特色社会主义的伟大成就。

在新的征程上，我们要实现中华民族伟大复兴的中国梦，只有坚持中国共产党的领导，才能保证现代化建设的社会主义方向，维护国家统一、民族团结，才能充分调动一切积极因素推进社会主义现代化建设。

法条链接

《宪法》序言指出："中国新民主主义革命的胜利和社会主义事业的成就，是中国共产党领导中国各族人民，在马克思列宁主义、毛泽东思想的指引下，坚持真理，修正错误，战胜许多艰难险阻而取得的。我国将长期处于社会主义初级阶段。国家的根本任务是，沿着中国特色社会主义道路，集中力量进行社会主义现代化建

设。中国各族人民将继续在中国共产党领导下，在马克思列宁主义、毛泽东思想、邓小平理论、'三个代表'重要思想、科学发展观、习近平新时代中国特色社会主义思想指引下，坚持人民民主专政，坚持社会主义道路，坚持改革开放，不断完善社会主义的各项制度，发展社会主义市场经济，发展社会主义民主，健全社会主义法治，贯彻新发展理念，自力更生，艰苦奋斗，逐步实现工业、农业、国防和科学技术的现代化，推动物质文明、政治文明、精神文明、社会文明、生态文明协调发展，把我国建设成为富强民主文明和谐美丽的社会主义现代化强国，实现中华民族伟大复兴。"

《宪法》第一条第二款指出："社会主义制度是中华人民共和国的根本制度。中国共产党领导是中国特色社会主义最本质的特征。禁止任何组织或者个人破坏社会主义制度。"

三、社会主义经济制度

我国宪法规定："中华人民共和国的社会主义经济制度的基础是生产资料的社会主义公有制，即全民所有制和劳动群众集体所有制。"这表明了我国社会主义经济制度的本质特征，也规定了我国公有制经济的两种基本形式。

国有经济，是国家所有的形式，即社会全体劳动者共同占有生产资料的公有制形式。国有经济决定着国民经济的社会主义性质，掌握着国家的经济命脉，在国民经济中起主导作用。集体经济，是由部分劳动者共同占有生产资料的公有制形式，是我国农村的主要经济形式，广泛存在于城乡的工业和服务业中。

公有制经济是社会主义现代化建设的主要支柱，是国家财政收入的主要来源，是国家实行经济调控的主要物质基础。坚持公有制经济的主体地位和国有经济的主导作用，有利于发挥社会主义制度的优越性，保证社会主义经济制度的活力，有利于实现社会公平、促进共同富裕。

生产力发展水平总体不高，各地区之间经济、社会发展不平衡，这是我国的基本国情。因此，宪法规定："国家在社会主义初级阶段，坚持公有制为主体、多种所有制经济共同发展的基本经济制度，坚持按劳分配为主体、多种分配方式并存的分配制度。"

坚持公有制为主体、多种所有制经济共同发展的基本经济制度，是中国特色社会主义制度的重要支柱，也是社会主义市场经济体制的根基。公有制经济和非公有制经济都是社会主义市场经济的重要组成部分，都是我国经济社会发展的重要基础。因此，我们必须毫不动摇地巩固和发展公有制经济，坚持公有制的主体地位，发挥国有经济的主导作用，不断增强国有经济的活力、控制力、影响力，同时，鼓励、支持、引导非公有制经济发展，激发非公有制经济的活力和创

造力。

生产决定分配，生产资料所有制决定分配方式。我国实行的以按劳分配为主、多种分配方式并存的分配制度，是由我国公有制为主体、多种所有制经济共同发展的基本经济制度决定的，是我国收入分配制度的重要特征。按劳分配是社会主义公有制经济中个人消费品分配的基本原则。具体来说，它是指在社会主义公有制经济中，劳动者个人消费品的分配，是在对社会总产品进行必要扣除后，按照多劳多得、少劳少得的原则进行的。除按劳分配外，我国的收入分配方式大致还有按生产要素分配（如劳动、资本、技术和管理等）、按个体劳动者劳动成果分配等。

四、社会主义精神文明

宪法序言指出，要"推动物质文明、政治文明、精神文明、社会文明、生态文明协调发展，把我国建设成为富强民主文明和谐美丽的社会主义现代化强国，实现中华民族伟大复兴"。实现中华民族伟大复兴的中国梦，物质财富要极大丰富，精神财富也要极大丰富。正如习近平总书记所指出的，人民有信仰，民族有希望，国家有力量。我们要锲而不舍、一以贯之地抓好社会主义精神文明建设，为全国各族人民不断前进提供坚强的思想保证、强大的精神力量、丰润的道德滋养。

改革开放之初，我们党就创造性地提出了建设社会主义

北京市劳动人民文化宫，位于天安门东侧，原为明清两代皇帝祭祀祖先的太庙，新中国成立后辟为北京市劳动人民文化宫，由毛泽东主席亲笔题写宫名

精神文明的战略任务，确立了"两手抓、两手都要硬"的战略方针。40多年来，我国人民不仅创造了物质文明发展的世界奇迹，也创造了精神文明发展的丰硕成果。

当前，建设社会主义精神文明，要在全党全社会持续深入开展中国特色社会主义的宣传教育，高扬主旋律，唱响正气歌，不断增强道路自信、理论自信、制度自信，让理想信念的明灯永远在全国各族人民心中闪亮。

建设社会主义精神文明，要坚持"两手抓、两手都要硬"，以辩证的、全面的、平衡的观点正确处理物质文明和精神文明的关系，把精神文明建设贯穿于改革开放和现代化建设的全过程、渗透到社会生活各个方面，并努力培育和践行社会主义核心价值观，大力倡导马克思主义的世界观、人生观、价值观，坚守共产党人的精神家园；大力加强社会公德、职业道德、家庭美德、个人品德建设，营造全社会崇德向善的浓厚氛围；大力弘扬中华民族优秀传统文化，大力加强党风政风、社风家风建设，特别是要让中华民族文化基因在广大青少年心中生根发芽。要充分发挥榜样的作用，领导干部、公众人物、先进模范都要为全社会做好表率、起好示范作用，引导和推动全体人民树立文明观念、争当文明公民、展示文明形象。

 法条链接

　　《宪法》第二十四条规定："国家通过普及理想教育、道德教育、文化教育、纪律和法制教育，通过在城乡不同范围的群众中制定和执行各种守则、公约，加强社会主义精神文明的建设。"

五、依法治国

　　我国宪法规定："中华人民共和国实行依法治国，建设社会主义法治国家。"法治是我们党治国理政的基本方式。依法治国，是坚持和发展中国特色社会主义的本质要求和重要保障，是实现国家治理体系和治理能力现代化的必然要求，事关我们党执政兴国，事关人民幸福安康，事关党和国家长治久安。

　　党的十八届四中全会对全面推进依法治国作出战略部署。全面推进依法治国，总目标是建设中国特色社会主义法治体系，建设社会主义法治国家。这就是，要在中国共产党领导下，坚持中国特色社会主义制度，贯彻中国特色社会主义法治理论，形成完备的法律规范体系、高效的法治实施体系、严密的法治监督体系、有力的法治保障体系，形成完善的党内法规体系，坚持依法治国、依法执政、依法行政共同推进，坚持法治国家、法治政府、法治社会一体建设，实现科学立法、严格执法、公正司法、全民守法，促进国家治理体系和治理能力现代化。实现全面推进依法治国总目标，要坚持中国共产党的领导，坚持人民主体地位，坚持法律面前人人平等，坚持依法治国和以德治国相结合，坚持从中国实际出发。

第四部分
公民的权利和义务

一、公民和公民身份

确立全国统一的公民身份，让全国人民树立公民意识，是宪法的重要功能和使命。公民身份是全国人民共同接受认同的、全国统一的宪法身份，无论你是什么民族、种族、家庭出身、财产状况，无论你是什么地方的人，无论你有多少种不同的身份，公民身份是你的第一身份，其他身份都应该让位于公民身份。公民是基本的法律概念，是指具有一个国家国籍，并根据该国宪法和法律享有权利、承担义务的自然人。

要论链接

> 宪法是什么？宪法就是一张写着人民权利的纸。
> ——列宁

法条链接

《宪法》第三十三条第一款规定："凡具有中华人民共和国国籍的人都是中华人民共和国公民。"

在宪法中，公民是与国家相对的一方。国籍决定了一个人是否是这个国家的公民。具备公民资格的人，平等地享有宪法保障的权利，当然也要履行相应的义务。我国不承认双重国籍。

居民身份证

二、国家尊重和保障人权

人权是指作为一个人所享有的基本权利。人权并非国家、君主或者制宪者赋予的，而是人与生俱来的当然具有的权利，宪法只是把这些人自身所固有的权利确立下来。既然人权不是国家赋予的，那么国家也不能剥夺人权，而只能保障人权的实现；如果为了公共利益或者国家安全不得不限制人权，也必须采取最小限制原则。

法条链接

《宪法》第三十三条第三款规定："国家尊重和保障人权。"

人权并不局限于宪法所列举的基本权利。尽管很多国家的宪法并未明文规定最重要的一项人权——生命权，但这并不意味着生命权不受宪法的保护。宪法没有明文列举的人权均属于我国宪法第三十三条第三款"国家尊重和保障人权"的涵盖范围。此外，我国宪法明文列举的基本权利通常是指中华人民共和国公民的权利，例如宪法第三十六条第一款规定："中华人民共和国公民有宗教信仰自由"；第三十七条第一款规定："中华人民共和国公民的人身自由不受侵犯"。与此不同，"国家尊重和保障人权"条款的保护范围并不局限于我国公民，而是包括生活在我国境内的所有人，包括外国人和无国籍人。

谁有可能侵犯人权呢？毫无疑问，国家有可能，其他个人有可能，外国势力和大自然同样有可能。既然宪法的核心关系是公民和国家之间的关系，那么国家首先要保证遵守人民通过代议机关制定的法律，不得侵犯公民的人权。当其他人、外国势力或自然力侵犯人权时，国家必须进行积极的保护。此外，公民实现基本权利的前提是他们的基本物质生活能够得到保障，特别是针对妇女、儿童、老年人、身体或者精神障碍者等社会弱势群体，国家应该提供必要的物质帮助。

这些都是宪法第三十三条第三款中"国家尊重和保障人权"的要求。

迄今为止，我国已经四次制定以人权为主题的国家规划，分别为《国家人权行动计划（2009—2010 年）》《国家人权行动计划（2012—2015 年）》《国家人权行动计划（2016—2020 年）》《国家人权行动计划（2021—2025 年）》。国家人权行动计划明确了中国人权发展的目标、任务和具体措施，旨在持续全面推进中国人权事业发展。

三、平等原则和平等权

与自由一样，平等已成为被普遍认可的宪法价值。如果说自由追求人的特性，那么平等则更多强调人的共性。

平等既是一项宪法原则，又是一项公民的基本权利。平等原则并非禁止国家实施合理的差别对待，只是要求差别对待必须具有正当理由，比如为了保护他人权利或公共利益。

我国宪法第三十三条第二款规定："中华人民共和国公民在法律面前一律平等。"这是我国宪法的一般平等权条款。除了这一条款，宪法第四条第一款、第三十六条第二款和第四十八条第一款还分别强调了民族平等、信仰平等和男女平等，这三个条款属于特别平等权条款。我国宪法规定特别平等权，是因为民族平等、信仰平等和男女平等在我国有着格外重要的意义，这一特殊意义源于我国的历

史文化传统和现今的国情，仅通过一般平等权条款的规定不足以突出其重要性。我国宪法序言就强调了民族平等对于一个统一的多民族国家具有重要意义，民族平等能够促进民族团结和各民族的共同繁荣。而信仰问题与民族问题相互关联，不同民族在信仰上可能也会有所差异。宪法强调男女平等则主要是考虑到我国有着长达 2000 多年的封建历史，封建社会时期的一些传统文化糟粕至今对社会仍然有着一定程度的影响。

在现实生活中，平等权要求废除一切依据出身、相貌、身高等人身特征作出的不平等对待。平等权尤其要求避免一切歧视。除非为了保护极其重大的公共利益，这类不平等对待行为都被宪法所禁止。

四、公民的政治权利

1. 选举权和被选举权

选举权是公民选举代议机关的代表和特定国家公职人员的权利。被选举权则是公民被选任为代议机关的代表和特定国家公职人员的权利。选举权和被选举权是重要的政治权利，我国公民在年满 18 周岁以后均享有选举权和被选举权，除非被依法剥夺了政治权利。

广西柳州基层民主投票选举"当家人"

 法条链接

《宪法》第三十四条规定:"中华人民共和国年满十八周岁的公民,不分民族、种族、性别、职业、家庭出身、宗教信仰、教育程度、财产状况、居住期限,都有选举权和被选举权;但是依照法律被剥夺政治权利的人除外。"

公民依法行使选举权,是表达政治意愿的方式,影响着国家权力的活动。选举权平等、自由地实现,能够促进民主制度的形成;反过来,有效的民主制度可以保障选举权平等、自由地实现。可见,民主和选举是相辅相成、互相促进的。

2.言论、出版、集会、结社、游行、示威的自由

言论自由，是公民根据自己的意愿通过各种形式公开或不公开发表自己的思想和观点的权利。言论自由不仅保障表达内容的自由，还保障表达方式的自由。除了通过声音，言论还可能通过文字、图片、标志、手势甚至表情表达出来。

出版自由，是指公民享有通过公开发行的出版物表达和传播意见、思想、感情、信息、知识等的自由。公开发行的出版物包括报纸、期刊、图书、音像制品、电子出版物等。

言论和出版自由的主要功能包括：表现自我和完善人格、增进知识和追求真理、健全民主程序、推动经济发展与繁荣文化艺术。

除了言论自由和出版自由，我国宪法第三十五条还保障了公民的集会、结社、游行和示威的自由。

五、公民的人身自由

人身自由是生活安定的基本前提。这里的人身自由是一个广义的概念，不仅仅指身体的自由，还包括与人身相关的方方面面的自由。具体而言，主要包括以下几个方面：人身和行动的自由、住宅不受侵犯、通信自由和通信秘密。试想一下，如果一个人失去了与人身最密切相关的自由，那么他就很难去享有其他基本权利，比如受教育权、劳动权、选举权等。

1. 公民的人身自由不受侵犯

公民的人身和行动不受任何非法搜查、拘禁、逮捕、剥夺和限制。当然，出于保护社会公共秩序、公共利益和公共安全的目的，按照法定程序，可以对人身自由作出一定限制，比如对犯罪嫌疑人采取必要的强制措施，对犯罪分子判处管制、拘役、有期徒刑、无期徒刑等刑罚。

《宪法》第三十七条规定："中华人民共和国公民的人身自由不受侵犯。任何公民，非经人民检察院批准或者决定或者人民法院决定，并由公安机关执行，不受逮捕。禁止非法拘禁和以其他方法非法剥夺或者限制公民的人身自由，禁止非法搜查公民的身体。"

2. 公民的住宅不受侵犯

公民的住宅不受侵犯是指，任何组织或个人，非经法律许可，不得随意侵入、搜查或查封公民的住宅。住宅是私人生活空间，是公民放松身心，不受外界干扰的屏障。如果住宅可以随意被侵入、搜查，那么公民的安定生活就没有了最基础的保障。

为了收集犯罪证据、查获犯罪人，侦查人员可以对犯罪嫌疑人以及可能隐藏罪犯或者犯罪证据的人的住宅进行搜查。值得注意的是，即便是为了破案，也不能随意进入私人住宅，必须要符合法定程序，如搜查时必须出示搜查证，并有第三人在场。

法条链接

　　《宪法》第三十九条规定：“中华人民共和国公民的住宅不受侵犯。禁止非法搜查或者非法侵入公民的住宅。”

3.公民的通信自由和通信秘密受法律保护

　　通信自由是指，公民有根据自己的意愿自由进行通信，不受他人干涉的自由；通信秘密是指，公民的通信内容受国家法律保护，任何人不得非法私拆、毁弃、偷阅他人的信件。这里的通信自由和通信秘密的“信”，不限于书信，还包括利用电子邮件、电话、传真、电报等通信手段传递的内容。保护通信自由和通信秘密是出于保护公民隐私的目的。

　　正如其他人身自由一样，通信自由和通信秘密也不是绝对的。当涉及国家安全或追查刑事犯罪时，公安机关或检察机关可以依照法律规定的程序对通信进行检查。

法条链接

《宪法》第四十条规定："中华人民共和国公民的通信自由和通信秘密受法律的保护。除因国家安全或者追查刑事犯罪的需要，由公安机关或者检察机关依照法律规定的程序对通信进行检查外，任何组织或者个人不得以任何理由侵犯公民的通信自由和通信秘密。"

六、公民的人格尊严不受侵犯

人格尊严是指，作为人所必须享有的基本社会地位、待遇或应受的最基本的认可和尊重。为了保障人格尊严不受他人侵犯，我国宪法和法律都作出了相关规定，具体表现为姓名权、名誉权、荣誉权、肖像权、隐私权等。

法条链接

《宪法》第三十八条规定："中华人民共和国公民的人格尊严不受侵犯。禁止用任何方法对公民进行侮辱、诽谤和诬告陷害。"

七、公民的信仰自由

宪法上的信仰自由主要是指宗教信仰自由。拥有宗教信仰的自由，你可以信仰宗教，也可以不信仰宗教；可以信仰这种宗教，也可以信仰那种宗教。

法条链接

《宪法》第三十六条规定："中华人民共和国公民有宗教信仰自由。任何国家机关、社会团体和个人不得强制公民信仰宗教或者不信仰宗教，不得歧视信仰宗教的公民和不信仰宗教的公民。国家保护正常的宗教活动。"

然而，任何自由都不是毫无限制的，宗教信仰自由也是这样。这是因为宗教信仰往往并不只停留于内心，它还伴随着一定的外部行为。当这种行为与他人的权利发生冲突或对社会稳定构成危害时，宗教信仰自由就应当受到限制和规范。例如，对他人权利或社会稳定造成危害的邪教不可能受到宪法的保护，必须予以禁止。

八、公民的社会经济文化权利

公民的社会经济文化权利是指，作为公民依照宪法的规定所享有的经济利益和文化权利，这是我们拥有美好生活的基础和源泉，也是实现其他各项权利的重要保障。

公民的社会经济文化权利大致有以下几个方面的内容：

1. 财产权

财产权，是指公民个人通过劳动或其他合法方式取得、占有、使用或处分财产的权利。私有财产权是公民实现其他基本权利的物质基础，集中体现着人的基本价值与尊严。

法条链接

《宪法》第十三条第一款和第二款规定："公民的合法的私有财产不受侵犯。国家依照法律规定保护公民的私有财产权和继承权。"

2. 劳动权

劳动权，是指一切有劳动能力的公民，有劳动和取得劳动报酬的权利。劳动权是我们赖以生存的基础，如果说私有财产权主要保障了劳动所得，那么劳动权则更多保障劳动的过程。国家为了保障公民的劳动权，也应该通过各种途径创造劳动就业条件，加强劳动保护，改善劳动条件。

法条链接

《宪法》第四十二条第一款规定："中华人民共和国公民有劳动的权利和义务。"

需要注意的是，劳动权不仅是一项权利，而且还是一项义务。也就是说，具有劳动能力的人，应当以国家主人翁的态度对待劳动，忠于职责，遵守劳动纪律，完成工作任务。

法条链接

《宪法》第四十二条第三款规定："劳动是一切有劳动能力的公民的光荣职责。"

资料链接

人人有权工作、自由选择职业、享受公平优裕之工作条件及失业之保障。

——《世界人权宣言》

3. 休息权

有了劳动权，必然会有休息权，它是指劳动者休息和休养的权利。具体来说，就是作为劳动者有享受公休假、法定休假、年休假、探亲假等权利。没有休息权，劳动权就无法实现。所以，休息权和劳动权形成了一个完整的统一体。另外，享有休息权还是实现生命权、健康权、文化教育权利的前提条件。

法条链接

　　《宪法》第四十三条规定："中华人民共和国劳动者有休息的权利。"

4. 社会保障权

　　当社会成员面临年老、疾病、伤残、失业、生育、死亡、灾害等困难，暂时或永久地丧失了工作能力或工作机会，不能维持有尊严的生活时，便享有获得国家物质帮助的

社会保障卡

权利，这就是宪法中的社会保障权。

法条链接

《宪法》第四十五条第一款规定："中华人民共和国公民在年老、疾病或者丧失劳动能力的情况下，有从国家和社会获得物质帮助的权利。国家发展为公民享受这些权利所需要的社会保险、社会救济和医疗卫生事业。"

资料链接

全面深化改革要以促进社会公平正义、增进人民福祉为出发点和落脚点。

——中国共产党第十八届中央委员会
第三次全体会议公报

需要注意的是，社会保障权的实现需要一定的条件和限度，因为国家的财力并不是无限的。社会保障制度只起一种补充作用，国家的物质帮助不能超过补充的必要限度。

法条链接

《宪法》第十四条第四款规定："国家建立健全同经济发展水平相适应的社会保障制度。"

5. 文化权

公民的文化权利包括公民从事科学研究、文艺创作以及其他文化活动的权利。科学研究的过程就是追求真理的过程，研究范围包括自然科学和人文社会科学领域。而文艺创作则是一种创造性劳动，公民原则上享有选择创作内容和创作形式的自由。其他文化活动包括对于丰富公民文化生活和提高公民文化素质具有重要意义的文化娱乐活动。

法条链接

《宪法》第四十七条规定："中华人民共和国公民有进行科学研究、文学艺术创作和其他文化活动的自由。国家对于从事教育、科学、技术、文学、艺术和其他文化事业的公民的有益于人民的创造性工作，给以鼓励和帮助。"

九、公民行使自由和权利的边界

宪法保障我们诸多基本权利，然而公民是否可以随心所欲地行使这些权利呢？例如公民享有言论自由，是否意味着可以随意发表言论，进而侵犯他人隐私或人格尊严？

任何人都是社会中的一个个体，而每一个体都生存在不完全相同的环境中，再加上性格、思想、见解、爱好等方面的差异，每一个体都会有着与其他人不同的利益。公民在行使权利时难免会与其他个人、群体甚至公众产生利益冲突。在现代法治国家，人与人之间的利益冲突和见解争执原则上不得通过武力或暴力来解决，而应由国家来公正地平衡各方利益。事实上，国家通过立法为公民行使权利设立了边界，超越法律边界的公民行为必然会受到限制或禁止。

 要论链接

　　自由就是从事一切对别人没有害处的活动的权利。每个人所能进行的对别人没有害处的活动的界限是由法律规定的，正像地界是由界标确定的一样。

——马克思

 法条链接

　　《宪法》第五十一条规定："中华人民共和国公民在行使自由和权利的时候，不得损害国家的、社会的、集体的利益和其他公民的合法的自由和权利。"

十、公民的宪法义务

公民在享有宪法规定的各项权利的同时，还必须履行宪法规定的义务。宪法规定的公民义务是最基本的义务，也是最重要的义务，任何公民都必须履行。宪法义务为普通法律规定公民义务提供了依据和基础，对法律规定的义务公民也必须履行。

法条链接

《宪法》第三十三条第四款规定："任何公民享有宪法和法律规定的权利，同时必须履行宪法和法律规定的义务。"

1. 维护国家统一和民族团结

维护国家统一不仅是社会发展的基础，是整个法律制度存在的根基，而且还是公民实现自身基本权利的前提。我国是统一的多民族国家，能否正确处理民族关系对国家的统一与政权的稳定有着十分重要的意义。

法条链接

《宪法》第五十二条规定："中华人民共和国公民有维护国家统一和全国各民族团结的义务。"

2.遵纪守法、尊重社会公德

遵纪守法、尊重社会公德是每一个公民的义务。作为学生的我们，更应当提高对自己的要求，严于律己。

法条链接

> 《宪法》第五十三条规定："中华人民共和国公民必须遵守宪法和法律，保守国家秘密，爱护公共财产，遵守劳动纪律，遵守公共秩序，尊重社会公德。"

遵纪守法、尊重社会公德大致包括以下四个方面的内容：

遵守宪法和法律　遵守宪法和法律，是指我们应该忠于宪法和法律、维护宪法和法律的尊严、保障宪法和法律的实施。任何组织和个人不得有超越宪法和法律的特权，一切违反宪法和法律的行为都必须予以追究。

保守国家秘密　国家秘密，是指涉及国家安全和重大核心利益，尚未公布或不予公布的各种文件、资料和消息。保守国家机密就是要保护国家机密不被泄露和不被遗失。泄密行为直接危害国家和人民的根本利益。因此，保守国家秘密是每个公民都必须履行的基本义务。

爱护公共财产　公共财产包括国有财产和集体财产，它们是建设社会主义物质文明和精神文明的物质基础。

法条链接

　　《宪法》第十二条规定："社会主义的公共财产神圣不可侵犯。国家保护社会主义的公共财产。禁止任何组织或者个人用任何手段侵占或者破坏国家的和集体的财产。"

　　尊重社会公德　社会公德是指在社会公共生活中应当遵循的道德标准和行为准则。具体来说，社会公德包括文明礼貌、助人为乐、爱护公物、保护环境、遵纪守法。

3. 维护国家安全、荣誉和利益

　　维护国家安全、荣誉和利益的义务既是每个公民的神圣职责，又是爱国主义的具体体现。

法条链接

　　《宪法》第五十四条规定："中华人民共和国公民有维护祖国的安全、荣誉和利益的义务，不得有危害祖国的安全、荣誉和利益的行为。"

4. 依法服兵役

　　为了维持国家秩序及抵御外来侵略，国家需要建立并维持一支强大的武装力量。因此，各国宪法普遍规定了本国公

中国人民解放军三军仪仗队

民有依法服兵役的义务。我国依法服兵役义务的主体是中华人民共和国公民，外国人不能成为服兵役义务的主体。我国实行义务兵与志愿兵相结合、民兵与预备役相结合的兵役制度。

法条链接

　　《宪法》第五十五条规定："保卫祖国、抵抗侵略是中华人民共和国每一个公民的神圣职责。依照法律服兵役和参加民兵组织是中华人民共和国公民的光荣义务。"

5. 依法纳税

税收是国家预算的最重要组成部分，也是国家财政的重要来源。在现代社会中，纳税不仅是公民应该履行的基本义务，而且也是法治社会的重要标志。

纳税者有权享受政府用税收提供的服务和公共设施，如医疗、教育、社会安全、法律保障、交通等。同时，纳税人还有权利了解、监督税款的使用情况，进而监督政府工作。

法条链接

《宪法》第五十六条规定："中华人民共和国公民有依照法律纳税的义务。"

6. 其他义务

除了以上专门规定的五种义务外，我国公民的宪法义务还包括在基本权利条款中规定的其他几种义务，例如：受教育的义务；夫妻双方有实行计划生育的义务；父母有抚养教育未成年子女的义务；成年子女有赡养扶助父母的义务；等等。

第五部分
国家政权的组成

一、人民代表大会制度

　　每年3月春暖花开的时候，"两会"就会在北京召开。"两会"是全国人民代表大会和中国人民政治协商会议全国委员会的合称。每年"两会"，全中国和全世界都会瞩目，原因在于全国人民代表大会是我国最高国家权力机关，它在会议上的任何决定都会对中国产生重要影响。为什么我国的最高国家权力机关是全国人民代表大会呢？这是由我国实行的人民代表大会制度决定的。

　　人民代表大会制度是指我国的一切权力属于人民，人民选举代表组成各级人民代表大会作为国家权力机关，由人民代表大会产生人民政府、监察委员会、人民法院和人民检察院并对它负责，受它监督的制度。在我国，人民是国家的主人，但由于国家太大，人民众多，不能每个人都来直接行使自己的权力，只能选出一些人来代表自己组成人民代表大会行使权力，这些人就是人大代表。从中央到地方，我国一共有五级人民代表大会。各级人民代表大会代表人数众多，比如全国人民代表大会有近 3000 名代表，无法直接行使很多国家权力，所以各级人民代表大会又组建了各级人民政府、人民法院和人民检察院，也就是我们日常所说的"一府两院"。人民代表大会拥有最重要的权力，包括立法权、人事权、监督权和决定权，授权"一府两院"分别行使国家的行政权、审判权和检察权。那么，人民代表大会与"一府两院"是什么关系呢？由于"一府两院"的权力来自人民代表大会的授权，所以在行使权力的时候就要接受人民代表大会的监督，对它负责，向它报告工作。也就是说，人民代表大会的地位比"一府两院"要高。当然，这并不是说人民代表大会就可以不需要对任何人负责，想怎么样就怎么样了。人大代表是人民选举出来的，他们要对人民负责。如果人大代表不好好履行自己的职责，人民有权罢免他们。

人民代表大会制度是我国的根本政治制度。说它是"根本"的，顾名思义这一制度是十分重要的，是基础性的。因为人民代表大会制度最集中地体现了权力属于人民的国家性质，我国的其他政治制度，如选举制度、行政制度、司法制度、地方制度、军事制度等，都是以此为基础建立起来的。这些制度与人民代表大会制度一起分工、配合，就可以保证人民的权力得到正确行使，这一过程既体现了民主，又体现了集中，符合民主集中制原则。

二、全国人民代表大会及其常务委员会

1. 全国人民代表大会及其常务委员会的组织与职权

全国人民代表大会是最高国家权力机关，它的常设机关是全国人民代表大会常务委员会（简称为"全国人大常委会"）。全国人民代表大会由省、自治区、直辖市、特别行政区和军队选出的代表组成。我国各民族一律平等，各少数民族都有适当名额的人大代表。所以每次全国人民代表大会开会时，我们都可以看到很多穿着民族服装的少数民族代表。

全国人民代表大会每届任期 5 年，每年举行一次会议，一般于每年第一季度举行。由于代表人数众多，全国人民代表大会并不经常开会，每年会期约为两个星期左右。如果全国人大常委会认为必要，或者有五分之一以上的全国人民代表大会代表提议，可以临时召集全国人民代表大会会议。

全国人大常委会由委员长、副委员长若干人，秘书长、委员若干人组成，这些人员都是由全国人民代表大会从全国人民代表大会代表中选举产生。全国人大常委会在全国人民代表大会闭会期间代行最高国家权力机关的权力，委员长主持全国人大常委会的工作，召集全国人民代表大会常务委员会会议，副委员长、秘书长协助委员长工作。

虽然宪法规定全国人民代表大会和全国人大常委会行使国家立法权，但两者的立法权范围是不同的。全国人民代大会有权制定、修改宪法和基本法律。全国人大常委会有权制定、修改和补充除应当由全国人民代表大会制定的基本法律以外的其他法律；在全国人民代表大会闭会期间，在不同基本法律的基本原则相抵触的情况下，全国人民代表大会常委会也有权对全国人民代表大会制定的基本法律进行部分补充和修改。

根据我国宪法第六十七条规定，在全国人民代表大会闭会期间，全国人大常委会有权任免以下国家机关人员：根据国务院总理的提名，决定部长、委员会主任、审计长、秘书长的人选；根据中央军事委员会主席的提名，决定中央军事委员会其他组成人员的人选；根据国家监察委员会主任的提请，任免国家监察委员会副主任、委员；根据最高人民法院院长的提请，任免最高人民法院副院长、审判员、审判委员会委员和军事法院院长；根据最高人民检察院检察长的提请，任免最高人民检察院副检察长、检察员、检察委员会委员和军事检察院检察长，并且批准省、自治区、直辖市的人民检察院检察长的任免；等等。

全国人大常委会有监督权，具体包括两个方面：一是有权监督宪法的实施，有权监督国务院、中央军事委员会、国家监察委员会、最高人民法院和最高人民检察院的工作，监督的主要方式是听取这些国家机关的工作报告；二是有权审查行政法规、地方性法规的合宪性和合法性。

全国人大常委会有重大事项决定权。在全国人民代表大会闭会期间，全国人大常委会有权审查和批准国民经济和社会发展计划、国家预算在执行过程中所必须做的部分调整方案；有权决定驻外全权代表的任免、同外国缔结的条约和重要协定的批准和废除、规定军人和外交人员的衔级制度和其他专门衔级制度等。

2. 全国人民代表大会及其常务委员会如何制定法律

2015 年 3 月 15 日，全国人大代表在十二届全国人大三次会议闭幕会上表决通过了关于修改《立法法》的决定，用十二届全国人大三次会议副秘书长、发言人傅莹的话来说，《立法法》是规范所有立法行为的法，被称为"管法的法"。此次修改是《立法法》15 年来首次大修。我国宪法赋予了全国人民代表大会和全国人大常委会国家立法权，这就是权

2015 年 3 月 15 日，第十二届全国人民代表大会第三次会议在北京举行

力行使的结果。那么，全国人民代表大会和全国人民代表大会常务委员会的立法程序究竟是怎样的呢？

全国人民代表大会立法程序包括法律案的提案、审议、表决、公布。

全国人民代表大会主席团、全国人大常委会、国务院、中央军事委员会、最高人民法院、最高人民检察院、全国人大各专门委员会可以向全国人民代表大会提出法律案，由全国人民代表大会会议审议。一个代表团或者30名以上的代表联名，也可以向全国人民代表大会提出法律案，由主席团决定是否列入会议议程。法律草案修改稿经各代表团审议，由法律委员会根据各代表团的审议意见进行修改，提出法律草案表决稿，由主席团提请大会全体会议表决，由全体代表的过半数通过。全国人民代表大会通过的法律由国家主席签署主席令予以公布。

全国人大常委会的立法程序包括法律案的提案、审议、表决、公布四个阶段。委员长会议、国务院、中央军事委员会、最高人民法院、最高人民检察院、全国人民代表大会各专门委员会等组织可以向常务委员会提出法律案，由委员长会议决定列入常务委员会会议议程。如果委员长会议认为法律案有重大问题需要进一步研究，可以建议提案人修改完善后再向常务委员会提出。常委会组成人员10人以上联名也可以提出法律案，由委员长会议决定是否列入常务委员会会议议程。列入常委会会议议程的法律案，一般应当经三次常委会会议审议后再交付表决，这就是立法中所谓的"三读"

全国人大常委会立法工作会议在北京人民大会堂举行

程序。法律草案修改稿经常委会会议审议，由法律委员会根据常委会组成人员的审议意见进行修改，提出法律草案表决稿，由委员长会议提请常委会全体会议表决，由组成人员的过半数通过。对多部法律中涉及同类事项的个别条款进行修改，一并提出法律案的，经委员长会议决定，可以合并表决，也可以分别表决。常委会通过的法律由国家主席签署主席令予以公布。

3. 全国人民代表大会的代表是如何选举出来的

我国的人民代表大会代表选举基本有两种形式，即直接选举和间接选举。直接选举是指由选民直接投票选举人大代表的制度，间接选举是指由下级人民代表大会或特定的选举组织选举人大代表的制度。我国从中央到乡镇一级共有五级人民代表大会，其中县、乡两级的人民代表大会代表实行直接选举的方式，市、省和全国共三级人民代表大会代表实行间接选举的方式。具体而言，全国人民代表大会代表由省、自治区、直辖市、特区和军队选举产生。

全国人民代表大会代表的选举由全国人大常委会主持。根据宪法和《中华人民共和国全国人民代表大会和地方各级人民代表大会选举法》，在全国人民代表大会任期届满以前的两个月，全国人大常委会要主持完成下届人大代表的选举。全国人大常委会的主持工作包括确定下届全国人民代表大会代表名额及其在各省级选举单位间的分配，并对选举工作提出总体要求。各省、自治区和直辖市的人民代表大会召开会议选举本省（自治区或直辖市）的全国人民代表大会代表。特别行政区、军队和台湾省由于没有各自的地方人民代表大会，所以需要成立专门的选举组织来选举各自的全国人大代表。

二、国家元首——国家主席

中华人民共和国主席（以下简称"国家主席"），是中华人民共和国的国家代表。我国宪法第七十九条规定，中华人民共和国主席、副主席由全国人民代表大会选举。有选举权和被选举权的年满四十五周岁的中华人民共和国公民可以被选为中华人民共和国主席、副主席。中华人民共和国主席、副主席每届任期同全国人民代表大会每届任期相同。宪法

第八十四条规定，主席缺位时，由副主席继任；副主席缺位时，由全国人民代表大会补选，补选之前，主席职位由全国人大常委会委员长暂时代理。

我国的国家主席职位设置始于1954年宪法，1975年宪法和1978年宪法取消了国家主席职位，1982年宪法恢复了这一设置，但在职权方面有了新的变化，国家主席不再承担行政事务和政府工作，不再召开最高国务会议，不再担任国防委员会主席，主要承担国家的最高代表和象征的荣誉功能。可以看出，1982年宪法对国家机构的合理分工，对完善我国的政治制度，对健全社会主义法制都起到了积极的作用。现行宪法规定国家主席的主要职权包括：根据全国人民代表大会和其常委会的决定，公布法律；根据全国人民代表大会和其常委会的决定，任免国务院总理、副总理、国务委员、各部部长、各委员会主任、审计长、秘书长；根据全国人民代表大会和其常委会的决定，发布特赦令、戒严令、动员令，宣布战争状态；根据全国人民代表大会和其常委会的决定，代表中华人民共和国接受外国使节；根据全国人民代表大会常务委员会的决定，派遣和召回驻外全权代表，批准和废除同外国缔结的条约和重要协定；根据全国人民代表大会和其常委会的决定，授予国家勋章和荣誉称号。副主席协助主席工作，受主席委托可代行主席的部分职权。

2004年全国人民代表大会对宪法进行修改，增加规定国家主席代表国家进行国事活动。这一修改在一定程度上为我国的国家主席在宪法体制中发挥更大的作用提供了宪法依据。

四、最高国家行政机关——国务院

我国宪法第三章第三节规定，国务院是中央人民政府，是最高国家权力机关的执行机关，是最高国家行政机关。

国务院的组成人员有总理、副总理若干人、国务委员若干人、各部部长、各委员会主任、审计长和秘书长。国务院总理是由国家主席提名、全国人民代表大会决定产生的；副总理、国务委员、各部部长、各委员会主任、审计长和秘书长是总理提名、全国人民代表大会决定的。在全国人民代表大会闭会期间，根据总理的提名，由全国人大常委会决定部长、委员会主任、审计长和秘书长的任免。

国务院实行总理负责制。总理负责制即行政首长负责制，是指国务院总理对其主持的国务院工作有完全的决定权并承担全部责任。国务院实行总理负责制是由国务院的性质和任务决定的。国务院的性质是行政机关，任务是执行国家权力机关的决定。权力机关采取合议制的形式，实行少数服从多数的原则，保证民主。而行政机关是执行权力机关的决定，需要高度的权力集中，才能高效、及时和果断地处理各种繁杂的事务和突发事件。国务院实行总理负责制符合现代社会对中央政府高效率的要求。

国务院有如下职权：执行宪法和法律，执行全国人大及其常委会的决定；根据宪法和法律制定行政法规和行政措施，发布行政决定和命令；依照法律规定决定省、自治区、

直辖市的范围内部分地区进入紧急状态；向全国人大及其常委会会议提出议案；领导所属部、委和地方各级行政机关及全国各项行政工作；等等。

国务院工作部门主要分为两类：一是国务院各部委；二是国务院直属机构。国务院部委是由全国人民代表大会或全国人大常委会决定成立的国务院组成部门，其负责人经总理提名后由全国人大或其常委会决定，分管某一领域的行政工作，如外交部、国防部、国家发展和改革委员会、教育部等部门。国务院直属机构是国务院自行决定设立的分管某一领域行政工作的机构，其负责人由国务院直接任命，如海关总署、国家税务总局、国家市场监督管理总局等。

五、武装力量的领导机关——中央军事委员会

中央军事委员会简称为"中央军委"。我国宪法规定，中华人民共和国中央军事委员会领导全国武装力量。中华人民共和国中央军事委员会由主席、副主席和委员组成。主席由全国人民代表大会选举或罢免，对全国人民代表大会和全国人大常委会负责；副主席和委员由全国人大或其常委会根据中华人民共和国中央军委主席的提名决定。中华人民共和国中央军委每届任期与全国人大每届任期相同，但没有届数限制。

依据我国宪法制定的《国防法》对中华人民共和国中央军事委员会的职权进行了明确的规定：中华人民共和国中央

军事委员会有权统一指挥全国武装力量、决定军事战略和武装力量的作战方针，领导和管理中国人民解放军的建设，制定规划、计划并组织实施，向全国人民代表大会或者全国人民代表大会常务委员会提出议案，根据宪法和法律，制定军事法规，发布决定和命令，决定中国人民解放军的体制和编制，规定总部以及军区、军兵种和其他军区级单位的任务和职责，依照法律、军事法规的规定，任免、培训、考核和奖惩武装力量成员，批准武装力量的武器装备体制和武器装备发展规划、计划，协同国务院领导和管理国防科研生产，会同国务院管理国防经费和国防资产等。

中华人民共和国中央军事委员会与中国共产党中央军事委员会事实上是同一机构两块牌子。实践中对武装力量发布的命令一般使用中国共产党中央军事委员会的名义，或以中央军委的名义作为统称；与中华人民共和国国务院联合发布命令时使用中华人民共和国中央军事委员会的名义。

六、政党制度与中国人民政治协商会议

1.我国的政党制度——中国共产党领导的多党合作和政治协商制度

我国宪法确立了中国共产党对国家的领导地位。1993年宪法修正案进一步确认"中国共产党领导的多党合作和政治协商制度将长期存在和发展"。这一规定明确了我国的政

党制度，即中国共产党领导的多党合作和政治协商制度。它包含以下几个方面：

第一，坚持中国共产党的领导，坚持四项基本原则，是中国共产党领导的多党合作和政治协商制度存在的原则和政治基础。

第二，中国共产党和各民主党派都必须以宪法为根本的活动准则，并且负有维护宪法尊严、保证宪法实施的职责。民主党派享有宪法规定的权利义务范围内的政治自由、组织独立和法律地位平等。中国共产党支持民主党派独立自主地处理自己的内部事务，帮助它们改善工作条件，支持它们开展各项活动、维护本组织成员及其所联系成员的合法利益和合理要求。

第三，中国共产党与各民主党派进行合作的基本方针是："长期共存、互相监督、肝胆相照、荣辱与共"。

2. 中国人民政治协商会议

中国人民政治协商会议（以下简称"人民政协"）是由中国共产党、民主党派、无党派爱国人士、人民团体、少数民族、港澳同胞、台湾同胞、海外侨胞和社会各界代表所组成的，是具有广泛社会基础的组织。人民政协具有重要的政治地位，是中国共产党领导的多党合作和政治协商制度的重要政治形式和组织机构，是中国政治生活中发扬社会主义民主的重要形式。人民政协不是一个国家机关，不具有国家机关的职权。人民政协也不同于一般的社会团体。

2015 年 3 月 3 日，中国人民政治协商会议第十二届全国委员会第三次会议在北京人民大会堂开幕

　　人民政协的组织有全国委员会和地方委员会。中国人民政治协商会议全国委员会由中国共产党、各民主党派、无党派民主人士、人民团体、各少数民族和各界的代表、台湾同胞、港澳同胞和归国侨胞的代表以及特别邀请的人士组成，设若干界别。凡赞成政协章程的党派、团体或个人，经人民政协全国委员会常务委员会协商同意或协商邀请，可参加人民政协全国委员会，成为组成单位或个人。

　　人民政协全国委员会每届任期 5 年，设主席、副主席和秘书长。人民政协全国委员会全体会议每年举行一次。人民政协地方委员会在省、自治区、直辖市设立，自治州、设区的市、县、自治县、不设区的市和市辖区等有条件的地方也可设立。

人民政协各级地方委员会的全体会议每年至少举行一次。

人民政协的主要职能是，以宪法为根本准则，根据中国共产党同各民主党派、无党派人士"长期共存、互相监督、肝胆相照、荣辱与共"的方针，对国家的大政方针和群众生活的重要问题进行政治协商，通过建议和批评发挥民主监督作用，组织参加政协的各党派、团体和各族各界人士参政议政。

3. 我国的民主党派

我国的政党制度是中国共产党领导的多党合作和政治协商制度，人民政协是共产党和民主党派进行民主协商的重要制度载体。可以看出，民主党派在我国的政治生活中占据重要地位。那么，我国都有哪些民主党派呢？目前，我国共有8 个民主党派，它们的基本情况如下表所示：

名称 \ 基本情况	简称	成立时间	首任负责人
中国国民党革命委员会	民革	1948 年 1 月	李济深
中国民主同盟	民盟	1941 年 3 月	黄炎培
中国民主建国会	民建	1945 年 12 月	黄炎培
中国民主促进会	民进	1945 年 12 月	马叙伦
中国农工民主党	农工党	1947 年 2 月	邓演达
中国致公党	致公党	1925 年 10 月	陈炯明
九三学社	—	1946 年 5 月	许德珩
台湾民主自治同盟	台盟	1947 年 11 月	谢雪红

第六部分
地方国家机关

一、地方各级人民代表大会和地方政府

　　中国是一个幅员辽阔的大国，为了有效实现国家管理，宪法第三条规定，中华人民共和国的国家机构实行民主集中制的原则。中央和地方国家机构的职权划分，遵循在中央的统一领导下，充分发挥地方的主动性、积极性的原则。这里的地方国家机构是指我国的地方各级人民代表大会和地方各级人民政府。我国宪法第九十六条规定，地方各级人民代表大会是地方国家权力机关。我国宪法第一百零五条规定，地方各级人民政府是地方各级国家权力机关的执行机关，是地方各级国家行政机关。

　　地方各级人民代表大会是指省、自治区、直辖市、自治州、县、自治县、市、市辖区、乡、民族乡、镇的人民代表大会。地方各级人民代表大会是地方的国家权力机关，本级人民政府、人民法院和人民检察院由它产生，对它负责，受它监督。

　　地方各级人民代表大会由相应的地方人民代表组成。

省、自治区、直辖市、自治州、设区的市的人民代表大会代表由下一级人民代表大会选举产生；县、自治县、不设区的市、市辖区、乡、民族乡、镇的人民代表大会代表由选民直接选举产生。地方各级人民代表大会每届任期5年。

《中华人民共和国地方各级人民代表大会和地方各级人民政府组织法》第八、九条规定，地方各级人民代表大会具有以下职权：在本行政区域内，保证宪法、法律、行政法规和上级人民代表大会及其常务委员会决议的遵守和执行；讨论、决定本行政区域内的政治、经济、教育、科学、文化、卫生、环境和资源保护、民政、民族等工作的重大事项；监督本级人民政府、人民法院和人民检察院的工作；保护社会主义的全民所有的财产和劳动群众集体所有的财产，保护公民私人所有的合法财产，维护社会秩序，保障公民的人身权利、民主权利和其他权利；保护各种经济组织的合法权益；保障少数民族的权利；保障宪法和法律赋予妇女的男女平等、同工同酬和婚姻自由等各项权利。

我国存在省、自治区、直辖市、自治州、县、自治县、市、市辖区、乡、民族乡、镇人民政府，基本上可以分为省（自治区、直辖市）、县（自治县、市）、乡（民族乡、镇）三级。我国《宪法》第一百零五条规定，地方各级人民政府是地方各级国家权力机关的执行机关，是地方各级国家行政机关。作为执行机关，它对本级人民代表大会负责并报告工作，县级以上的地方各级人民政府在本级人民代表大会闭会期间，对本级人民代表大会常务委员会负责并报告工作。作为行政机关，它对上一级国家行政机关负责并报告工作，并受国务院的统一领导。

省、自治区、直辖市、自治州、设区的市的人民政府，分别由省长、副省长，自治区主席、副主席，市长、副市长，州长、副州长和秘书长、厅长、局长、委员会主任等组成；县、自治县、不设区的市、市辖区的人民政府分别由县长、副县长，市长、副市长，区长、副区长和局长、科长等组成；乡、民族乡的人民政府设乡长、副乡长，民族乡的乡长由建立民族乡的少数民族公民担任；镇人民政府设镇长、副镇长。地方各级人民政府实行首长负责制，即由各级政府的首长对本政府的工作负全面责任的制度。我国《宪法》第一百零六条规定，地方各级人民政府每届任期同本级人民代表大会每届任期相同，都是5年。

县级以上地方各级人民政府具有以下职权：执行本级人大及其常委会的决议以及上级国家行政机关的决定和命令；依照法律规定的权限，管理本行政区域内的经济、教育、科学、文化、卫生、体育事业、城乡建设事业和财政、民政、公安、民族事务、司法行政、监察、计划生育等行政工作；发布决定和命令，任免、培训、考核和奖惩行政工作人员；领导所属各工作部门和下级人民政府的工作，有权改变或者撤销所属各工作部门和下级人民政府的不适当的决定。乡、民族乡、镇的人民政府具有以下职权：执行本级人民代表大会的决议和上级国家行政机关的决定和命令；发布决定和命令；管理本行政区域内的行政工作。

二、民族区域自治地方

　　民族区域自治制度是指在中央的统一领导下，以少数民族聚居区为基础，建立相应的自治地方，设立自治机关，行使自治权，实现各族人民当家做主的基本政治制度。目前我国共有 5 个自治区，30 个自治州，120 个自治县。其中 5 个自治区分别是新疆维吾尔自治区、西藏自治区、内蒙古自治区、广西壮族自治区、宁夏回族自治区。

　　我国实行民族区域自治的原因在于：我国在历史上长期以来就是一个集中统一的国家；我国长期以来的民族分布以大杂居、小聚居为主；我国人口、资源分布和经济文化发展不平衡。只有实行民族区域自治制度，才有利于各民族的发展和国家的繁荣；中国各民族曾在共御外敌、争取民族独立和解放的斗争中，建立了休戚与共的亲密关系。

　　民族区域自治地方是指在国家统一领导下，设立自治机关，行使自治权的地方。民族自治地方是各少数民族聚居并实行区域自治的行政区域，分为自治区、自治州和自治县。自治区相当于省级行政单位，自治州是介于自治区与自治县之间的民族区域自治地区，自治县相当于县级行政单位。

　　民族自治地方的自治机关是指自治区、自治州、自治县的人民代表大会和人民政府。我国宪法第一百一十五条规定，民族自治地方的自治机关行使宪法规定的地方国家机关的职权，同时依照宪法、民族区域自治法和其他法律的规定行使自治权，根据本地方的实际情况贯彻执行国家的法律、政策；此外，在不违背宪法和法律的原则下，有权采取特殊政策和灵活措施。民族自治地方的人民政府对本级人民代表大会和上一级国家行政机关负责并报告工作，在本级人民代表大会闭会期间，对本级人民代表大会常务委员会负责并报告工作。各民族自治地方的人民政府都是国务院统一领导下的国家行政机关，都服从国务院。民族自治地方自治机关实行自治区主席、自治州州长、自治县县长负责制。自治区主席、自治州州长、自治县县长由实行区域自治的民族的公民担任。

民族自治地方的人民代表大会有权依照当地民族的政治、经济和文化的特点，制定自治条例和单行条例；民族自治地方的自治机关有管理地方财政的自治权；民族自治地方的自治机关在国家计划的指导下，自主地安排和管理地方性的经济建设事业；宪法第一百一十九条规定，民族自治地方的自治机关自主地管理本地方的教育、科学、文化、卫生、体育事业；宪法第一百二十条规定，民族自治地方的自治机关可以组织本地方维护社会治安的公安部队；宪法第一百二十一条规定，民族自治地方的自治机关在执行职务的时候，依照本民族自治地方自治条例的规定，使用当地通用的一种或者几种语言文字。

三、特别行政区

特别行政区是指在我国版图内，根据我国宪法和基本法"一国两制"的原则而设立的，具有特殊的法律地位，实行特别的政治经济制度的行政区域。我国宪法第三十一条规定，国家在必要时得设立特别行政区，特别行政区实行的制度由全国人民代表大会以法律规定。这是为了实现国家统一，特别是争取台湾回归祖国所作出的特殊规定。

"一国两制"有利于实现祖国统一，保障国家主权和领土的完整；有利于用和平方式解决历史遗留问题，保持台湾、香港、澳门的稳定和繁荣，从而有利于国家的社会主义现代化建设。"一国两制"也是和平解决国际争端、稳定国际局势、维护世界和平的尝试和经验。全面准确贯彻"一国两制"、"港人治港"、"澳人治澳"、高度自治的方针，要坚持宪法的最高法律地位和最高法律效力，严格按照宪法和基本法办事，进一步完善与基本法实施相关的制度和机制，依法行使中央权力，依法保障特别行政区高度自治，支持特别行政区行政长官和政府依法施政，保持香港、澳门长期繁荣稳定。

特别行政区的高度自治权包括：行政管理权，除国防、外交以及其他根据基本法应当由中央人民政府处理的行政事务外，特别行政区享有自行处理有关经济、财政、金融、贸易、工商业、土地、教育、文化等方面行政事务的权力；立法权，虽然立法机关制定的法律须报全国人大常委会备案，但并不影响该法律的生效；独立的司法权和终审权，特别行政区法院独立进行审判，不受任何干涉；特别行政区的终审法院为最高审级，该终审法院的判决为最终判决；外事权，中央人民政府可授权特别行政区依照基本法自行处理有关对外事务。

特别行政区是中华人民共和国享有高度自治权的地方行政区域，直辖于中央人民政府。中央与特别行政区的关系，是一个主权国家内中央与地方的关系。中央对特别行政区行使的权力主要有：设立特别行政区、规定特别行政区实行的制度的权力；管理与特别行政区有关的外交事务；管理特别行政区的防务；任命特别行政区行政长官和行政机关的主要官员；全国人大常委会有权决定特别行政区进入紧急状态；全国人大常委会享有对特别行政区基本法的解释权和对特别行政区立法的备案审查权；全国人大对特别行政区基本法享有修改权等。

从中央与特别行政区的关系我们可以看到，特别行政区政府属于中央政府的下级政府，特别行政区虽然享有高度的自治权，但必须遵守宪法和基本法，是一个主权中国内部不可分割的部分，这也是我们国家与联邦制国家的一个重要区别。

四、基层群众自治组织

基层群众自治组织是指在城市和农村按居民的居住地区

宁夏灵武市梧桐树乡陶家圈村村民代表证及刻有村民代表名字的印章

建立起来的居民委员会和村民委员会，是实现城乡居民自我管理、自我教育、自我服务的基本形式。

基层群众自治组织只存在于基层，从事的是基层公共事务和公益事业。它具有两个特点：一是群众性，基层群众自治组织是为城乡居民的共同需要而建立的；二是自治性，基层群众自治组织不是国家机关，也不是国家机关的下属，不属于其他任何社会组织，具有独立性。

村民委员会是村民自我管理、自我教育、自我服务的基层群众性自治组织。村民委员会由主任、副主任和委员共3至7人组成，由村民直接选举产生。村民委员会每届任期5年，村委会成员可以连选连任。

村民委员会的职责主要是宣传贯彻宪法、法律、法规和国家的政策，维护村民合法权益；管理本村属于村农民集体所有的土地和其他财产；举办和管理本村的公共事务和公益事业；依法调解民间纠纷，协助维护本村的社会治安，向人民政府反映村民的意见要求和提出建议；向村民会议或者村民代表会议报告工作并接受评议，执行村民会议或者村民代表会议的决议、议定等。

居民委员会是城市居民自我管理、自我教育、自我服务的基层群众性自治组织。居民委员会由主任、副主任和委员共5至9人组成，由居民直接选举产生。居民委员会每届任期5年，其成员可以连选连任。

居民委员会的职责主要是宣传贯彻宪法、法律、法规和国家的政策，维护居民的合法权益；办理本居住区的公共事务和公益事业；调解民间纠纷，协助维护社会治安，向人民政府或者其他的派出机关反映居民的意见要求和提出建议等。

第七部分
国家监察机关

　　为了深化国家监察体制改革，加强对所有行使公权力的公职人员的监督，实现国家监察全面覆盖，深入开展反腐败工作，推进国家治理体系和治理能力现代化，我国于2018年在宪法国家机构部分增加第七节"监察委员会"并出台《中华人民共和国监察法》（以下简称《监察法》）。

《中华人民共和国监察法》

一、国家监察机关的性质

根据《宪法》第一百二十三条和《监察法》第三条规定，中华人民共和国各级监察委员会是国家的监察机关，是行使国家监察职能的专责机关，依法对所有行使公权力的公职人员进行监察，调查职务违法和职务犯罪，开展廉政建设和反腐败工作，维护宪法和法律的尊严。

1. 监察委员会作为国家监察机关，是我国国家机构之一

《宪法》和《监察法》规定，国家监察委员会由全国人民代表大会产生，地方各级监察委员会由本级人民代表大会产生。国家监察委员会对全国人民代表大会及其常务委员会负责，并接受其监督。地方各级监察委员会对本级人民代表大会及其常务委员会和上一级监察委员会负责，并接受其监督。

2. 监察委员会是实现党和国家自我监督的政治机关

监察委员会的性质和地位不同于行政机关、司法机关。监察委员会实质上就是反腐败工作机构，和纪委合署办公，代表党和国家行使监督权，是政治机关，不是行政机关、司法机关。国家监察委员会在履行监督、调查、处置职责过程中，始终坚持把讲政治放在首位，政治属性是其第一属性、根本属性。

3.监察委员会依法行使国家监察职能

我国宪法第一百二十七条规定，监察委员会依照法律规定独立行使监察权，不受行政机关、社会团体和个人的干涉。监察机关作为独立的国家机构，专司国家监察职责。监察委员会依法行使的监察权，不是行政监察、反贪反渎、预防腐败职能的简单叠加，而是对所有行使公权力的公职人员进行监督，既调查职务违法行为，又调查职务犯罪行为。

二、国家监察机关的组织体系

《宪法》和《监察法》规定，中华人民共和国设立国家监察委员会和地方各级监察委员会，共设立国家、省、市和县四级监察委员会。国家监察委员会领导地方各级监察委员会的工作，上级监察委员会领导下级监察委员会的工作。

1.国家监察委员会

国家监察委员会是最高国家监察机关，由全国人民代表大会产生，负责全国监察工作。国家监察委员会由主任、副主任若干人、委员若干人组成，主任由全国人民代表大会选举，副主任、委员由国家监察委员会主任提请全国人民代表大会常务委员会任免。国家监察委员会主任每届任期同全国人民代表大会每届任期相同，连续任职不得超过两届。国家监察委员会对全国人民代表大会及其常务委员会负责，并接受其监督。

2. 地方各级监察委员会

省、自治区、直辖市、自治州、县、自治县、市、市辖区设立监察委员会，地方各级监察委员会由本级人民代表大会产生，负责本行政区域内的监察工作。地方各级监察委员会由主任、副主任若干人、委员若干人组成，主任由本级人民代表大会选举，副主任、委员由监察委员会主任提请本级人民代表大会常务委员会任免。地方各级监察委员会主任每届任期同本级人民代表大会每届任期相同。地方各级监察委员会对本级人民代表大会及其常务委员会和上一级监察委员会负责，并接受其监督。

三、监察委员会的职责与监察范围

1. 监察委员会的职责

《监察法》第十一条规定，监察委员会依照《监察法》和有关法律规定履行监督、调查、处置职责。在监督职责上，监察委员会对公职人员开展廉政教育，对其依法履职、秉公用权、廉洁从政从业以及道德操守情况进行监督检查。在调查职责上，监察委员会对涉嫌贪污贿赂、滥用职权、玩忽职守、权力寻租、利益输送、徇私舞弊以及浪费国家资财等职务违法和职务犯罪进行调查。在处置职责上，监察委员会对违法的公职人员依法作出政务处分决定；对履行职责不力、失职失责的领导人员进行问责；对涉嫌职务犯罪的，将调查结果移送人民检察院依法审查、提起公诉；向监察对象所在单位提出监察建议。

2. 监察范围

监察委员会依法对所有行使公权力的公职人员进行监督，实现国家监察全面覆盖。《监察法》规定，监察机关对下列公职人员和有关人员进行监察：（一）中国共产党机关、人民代表大会及其常务委员会机关、人民政府、监察委员会、人民法院、人民检察院、中国人民政治协商会议各级委员会机关、民主党派机关和工商业联合会机关的公务员，以及参照《中华人民共和国公务员法》管理的人员；（二）法律、法规授权或者受国家机关依法委托管理公共事务的组织中从事公务的人员；（三）国有企业管理人员；（四）公办的教育、科研、文化、医疗卫生、体育等单位中从事管理的人员；（五）基层群众性自治组织中从事管理的人员；（六）其他依法履行公职的人员。

四、监察委员会履行职能的原则

1. 依法独立行使监察权

根据《宪法》和《监察法》的规定，监察委员会依照法律规定独立行使监察权，不受行政机关、社会团体和个人的干涉。这一方面是指监察权由监察委员会集中统一行使，且要求监察委员会严格"依照法律"行使监察权，不能超脱法律；另一方面是指禁止行政机关、社会团体和个人利用职权、地位及影响力等因素对监察机关行使监察权的独立性进行干扰。

2. 与审判机关、检察机关和执法部门互相配合，互相制约

根据《宪法》和《监察法》的规定，监察机关办理职务违法和职务犯罪案件，应当与审判机关、检察机关、执法部门互相配合，互相制约。监察机关在工作中需要协助的，有关机关和单位应当根据监察机关的要求依法予以协助。

3. 严格遵照宪法和法律，以事实为根据，以法律为准绳

国家监察工作严格遵照宪法和法律，以事实为根据，以法律为准绳。"以事实为根据"是指各级监察委员会在办理案件时，应当从客观实际情况出发，重调查研究、重证据收集，查明案件的真实情况，不能依靠主观臆测办案。"以法律为准绳"是指各级监察委员会办理案件时，应当在查明案件事实的基础上严格以法律为标准进行处理。

4. 在适用法律上一律平等，保障当事人的合法权益

我国宪法第三十三条第二款规定："中华人民共和国公民在法律面前一律平等。"本条原则是宪法平等原则在监察工作中的具体化表现。保证监察工作在适用法律上一律平等，要求不因当事人的性别、职业、年龄、教育程度及宗教信仰等因素而区别对待，不允许特权或者歧视的存在。同时要保护当事人的合法权益，警惕在监察工作中通过侵犯当事人的合法权益的方式促进办案效率的行为。

5. 权责对等，严格监督

国家监察机关的监察职能既是其依法享有的权力，同时也是其依法应尽的义务，监察机关应当依法履职，且如果国家监察工作出现违法情况，监察机关及其工作人员应当承担相应的责任。即要求在监察工作中，做到有权必有责、用权受监督、违法必追究。

6. 惩戒与教育相结合，宽严相济

在进行监察调查等工作的同时，要重视对当事人的思想教育工作，促进构建不敢腐、不能腐、不想腐的长效机制。强调一方面对腐败行为严厉打击，另一方面对轻微违法行为坚持教育、感化和挽救，实现反腐工作的原则性和灵活性相统一。

第八部分
国家司法机关

一、人民法院

1.人民法院的性质

我国宪法第一百二十八条规定："中华人民共和国人民法院是国家的审判机关。"公民在生活中经常会和其他人发生一些争议，如何有效解决这些争议呢？文明社会不能靠拳头，不能靠威胁，只能靠法律，尤其是请求司法机关，也就是人民法院，对纠纷和争议作出准确的裁判。

法院是行使国家审判权的机关。所谓审判权，也就是根据法律，对于具体的纠纷与争议进行判断和裁决的权力。审判权的性质最鲜明地体现了法院的性质：

审判权具有判断性。审判权不是为国家和社会创造新的规则，而是要根据既有的规则对某一个纠纷或争议进行判断，以决定是非曲直。

审判权具有独立性。正是因为审判是对是非曲直的判断，所以进行判断的机构和人必须具有一定的独立性。我国宪法第一百三十一条规定，人民法院审理案件，不受行政机关、社会团体和个人的干涉，正是对这种独立性的宪法要求和保障。

审判权具有公正性。审判权应该是最公正的，因为它往往构成了"社会最后一道正义的防线"，是对国家和社会具体案件中基本正义的维护。

独角兽——中国古代审判公正的象征

审判权具有程序性。审判权的行使也是最具有程序性的。从立案到审理，再到判决与执行，法院和法官必须严格按照法律的程序要求进行，以确保每一个司法环节都严格遵守法律的要求。

古代中国的"法"字，三点水偏旁，意喻"平之如水"

 要论链接

　　我们要依法公正对待人民群众的诉求，努力让人民群众在每一个司法案件中都能感受到公平正义，决不能让不公正的审判伤害人民群众感情、损害人民群众权益。

——习近平

　　法院、检察院独立行使职权，只服从法律，以事实为根据，以法律为准绳。不管你是什么人，都要服从法律。在法律面前不承认任何人有任何特权。

——彭　真

2. 人民法院的组织体系

我国宪法第一百二十九条规定："中华人民共和国设立最高人民法院、地方各级人民法院和军事法院等专门人民法院。最高人民法院院长每届任期同全国人民代表大会每届任期相同，连续任职不得超过两届。人民法院的组织由法律规定。"

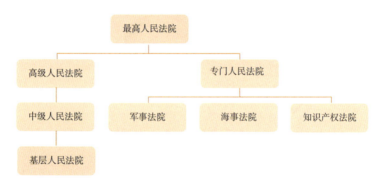

人民法院组织体系示意图

人民法院作为我国的审判机关，其组织体系是由《宪法》和《中华人民共和国人民法院组织法》所确立的。如上图所示，根据《中华人民共和国人民法院组织法》的规定，我国人民法院组织体系分为四级，即设基层、中级、高级和最高人民法院，并设军事、海事等专门人民法院。专门人民法院是我国统一审判体系——人民法院体系中的一个组成部分，它和地方各级人民法院共同行使国家的审判权。

最高人民法院之下地方各级人民法院的具体划分是：基

层人民法院包括县人民法院和市人民法院，自治县人民法院和市辖区人民法院；中级人民法院包括省、自治区内按地区设立的中级人民法院，直辖市内设立的中级人民法院，省、自治区辖市的中级人民法院和自治州人民法院；高级人民法院包括省高级人民法院、自治区高级人民法院和直辖市高级人民法院。此外，新疆维吾尔自治区因其特殊的体制，另设与地方法院并列的新疆建设兵团法院系统，结构与一般地方法院设置基本相同。

　　这里特别提出一类专门法院——知识产权法院。知识产权法院是在《中共中央关于全面深化改革若干重大问题的决定》中所提出的，是为了加强知识产权运用和保护，健全技

北京知识产权法院是全国首家知识产权审判专业机构，成立于 2014 年 11 月 6 日，法院审判办公楼坐落于北京市海淀区彰化路 18 号，集中管辖原由北京市各个中级人民法院管辖的知识产权民事和行政案件

术创新激励机制而设立的审判机构。2014 年 8 月 31 日，第十二届全国人大常委会第十次会议表决通过了《全国人大常委会关于在北京、上海、广州设立知识产权法院的决定》。

同时，为了更好地审理具有重大社会影响的案件，避免地方干预，党的十八届三中、四中全会也提出了"最高人民法院设立巡回法庭"、"经最高人民法院批准，高级人民法院设立跨行政区域审理案件的法院"的制度设计，最高人民法院已经在沈阳市、深圳市等设立了巡回法庭，北京市、上海市高级人民法院也经最高人民法院批准，在各自行政区域里设立了跨行政区域审理重大行政、民商事案件的中级人民法院。

根据《宪法》和《中华人民共和国人民法院组织法》，我国法院内部设立以下审判组织：合议庭、独任法官与审判委员会。

合议庭与独任法官 合议庭是法院的一般审判组织，除简易程序外，人民法院审判第一审案件，由法官或者由法官和人民陪审员组成合议庭审理；审判第二审案件和其他应当组成合议庭审判的案件，由法官组成合议庭审理。

审判委员会 根据《中华人民共和国人民法院组织法》的规定，各级人民法院设立审判委员会，实行民主集中制，主要任务是：总结审判经验，讨论重大的或者疑难的案件和其他有关审判工作的问题。

资料链接

　　法官也许是许多青少年的梦想职业，那么担任法官需要什么条件呢？

　　根据《中华人民共和国法官法》第十二条规定，担任法官必须具备下列条件：（一）具有中华人民共和国国籍；（二）拥护中华人民共和国宪法，拥护中国共产党领导和社会主义制度；（三）具有良好的政治、业务素质和道德品行；（四）具有正常履行职责的身体条件；（五）具备普通高等学校法学类本科学历并获得学士及以上学位；或者普通高等学校非法学类本科及以上学历并获得法律硕士、法学硕士及以上学位；或者普通高等学校非法学类本科及以上学历，获得其他相应学位，并具有法律专业知识；（六）从事法律工作满五年。其中获得法律硕士、法学硕士学位，或者获得法学博士学位的，从事法律工作的年限可以分别放宽至四年、三年；（七）初任法官应当通过国家统一法律职业资格考试取得法律职业资格。

　　适用前款第五项规定的学历条件确有困难的地方，经最高人民法院审核确定，在一定期限内，可以将担任法官的学历条件放宽为高等学校本科毕业。

　　同时，《中华人民共和国法官法》第十三条规定了法官资格的禁止性条件：（一）因犯罪受过刑事处罚的；（二）被开除公职的；（三）被吊销律师、公证员执业证

书或者被仲裁委员会除名的；（四）有法律规定的其他情形的。

检察官任职条件与法官任职条件相同。

3.人民法院的职能

我国宪法第一百三十二条规定："最高人民法院是最高审判机关。最高人民法院监督地方各级人民法院和专门人民法院的审判工作，上级人民法院监督下级人民法院的审判工作。"

《中华人民共和国人民法院组织法》第二条规定："人民法院是国家的审判机关。人民法院通过审判刑事案件、民事案件、行政案件以及法律规定的其他案件，惩罚犯罪，保障无罪的人不受刑事追究，解决民事、行政纠纷，保护个人和组织的合法权益，监督行政机关依法行使职权，维护国家安全和社会秩序，维护社会公平正义，维护国家法制统一、尊严和权威，保障中国特色社会主义建设的顺利进行。"

同时，《中华人民共和国人民法院组织法》对各级人民法院的职能作出了如下具体规定：

基层人民法院

基层人民法院审理第一审案件，法律另有规定的除外。基层人民法院对人民调解委员会的调解工作进行业务指导。

中级人民法院

中级人民法院审理下列案件：（一）法律规定由其管辖的第一审案件；（二）基层人民法院报请审理的第一审案件；（三）上级人民法院指定管辖的第一审案件；（四）对基层人民法院判决和裁定的上诉、抗诉案件；（五）按照审判监督程序提起的再审案件。

高级人民法院

高级人民法院审理下列案件：（一）法律规定由其管辖的第一审案件；（二）下级人民法院报请审理的第一审案件；（三）最高人民法院指定管辖的第一审案件；（四）对中级人民法院判决和裁定的上诉、抗诉案件；（五）按照审判监督程序提起的再审案件；（六）中级人民法院报请复核的死刑案件。

最高人民法院

最高人民法院是国家最高审判机关。最高人民法院监督地方各级人民法院和专门人民法院的审判工作。

最高人民法院审理下列案件：（一）法律规定由其管辖的和其认为应当由自己管辖的第一审案件；（二）对高级人民法院判决和裁定的上诉、抗诉案件；（三）按照全国人民代表大会常务委员会的规定提起的上诉、抗诉案件；（四）按照审判监督程序提起的再审案件；（五）高级人民法院报请核准的死刑案件。

最高人民法院可以对属于审判工作中具体应用法律的问题进行解释。最高人民法院可以发布指导性案例。

专门人民法院

专门人民法院的组织和职能由全国人民代表大会常务委员会另行规定。

要论链接

> 全会决定提出，最高人民法院设立巡回法庭，审理跨行政区域重大行政和民商事案件。这样做，有利于审判机关重心下移、就地解决纠纷、方便当事人诉讼，有利于最高人民法院本部集中精力制定司法政策和司法解释、审理对统一法律适用有重大指导意义的案件。
> ——习近平关于《中共中央关于全面推进依法治国若干重大问题的决定》的说明

4. 人民法院履行职能的原则

我国宪法第一百三十条规定："人民法院审理案件，除法律规定的特别情况外，一律公开进行。被告人有权获得辩护。"第一百三十一条规定："人民法院依照法律规定独立行使审判权，不受行政机关、社会团体和个人的干涉。"第一百三十三条规定："最高人民法院对全国人民代表大会和全国人民代表大会常务委员会负责。地方各级人民法院对产生它的国家权力机关负责。"

《中华人民共和国人民法院组织法》第五条规定："人民法院审判案件在适用法律上一律平等，不允许任何组织和个人有超越法律的特权，禁止任何形式的歧视。"这项原则是宪法第三十三条第二款"中华人民共和国公民在法律面前一律平等"的宪法原则在审判活动中的体现。

公民在法律面前一律平等，最重要的就是在审判环节上的一律平等。每一个公民都平等受到司法的保护和救济，也平等地履行义务并承担审判机关所确定的法律责任。

二、人民检察院

1. 人民检察院的性质

我国宪法第一百三十四条规定："中华人民共和国人民检察院是国家的法律监督机关。"

人民检察院是我国的检察机关。《宪法》和《中华人民共和国人民检察院组织法》规定，人民检察院是国家的法律监督机关。这是检察机关同其他国家机关相区别的本质特征。我国检察机关作为法律监督机关，与法院一起，共同构成国家的司法机关。

虽然宪法对于检察院是否属于司法机关没有明确表述，但我国历来都将检察院视作与法院并列的、独立于行政机关的司法机关。

2. 人民检察院的组织体系

人民检察院的组织体系

根据《宪法》和《中华人民共和国人民检察院组织法》的规定，各级人民检察院由本级国家权力机关产生，并对本级国家权力机关负责，地方各级人民检察院同时对上级人民检察院负责。地方各级人民检察院除受产生它的国家权力机关监督，同时受上级检察机关领导。这种领导体制被称为"双重负责制"。

我国检察机关的组织体系形成一个自上而下的完整

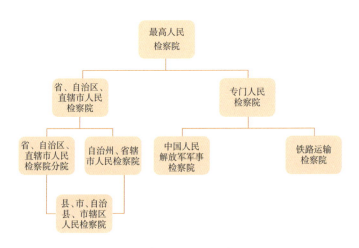

人民检察院组织体系示意图

系统，即最高人民检察院；省、自治区、直辖市人民检察院；省、自治区、直辖市人民检察院分院，自治州、省辖市人民检察院；县、市、自治县和市辖区人民检察院四级。

人民检察院的工作机构

根据《中华人民共和国人民检察院组织法》的规定，各级人民检察院内部的工作机构如下：（1）人民检察院的人员组成。人民检察院的检察人员由检察长、副检察长、检察委员会委员和检察员等人员组成。人民检察院检察长领导本院检察工作，管理本院行政事务。人民检察院副检察长协助检察长工作。（2）检察委员会。各级人民检察院设检察委员会。检察委员会由检察长、副检察长和若干资深检察官组成，成员应当为单数。检察委员会召开会议，应当有其组成人员的过半数出席。检察委员会会议由检察长或者检察长委托的副检察长主持。检察委员会实行民主集中制。地方各级人民检察院的检察长不同意本院检察委员会多数人的意见，属于办理案件的，可以报请上一级人民检察院决定；属于重大事项的，可以报请上一级人民检察院或者本级人民代表大会常务委员会决定。（3）业务机构。人民检察院根据检察工作需要，设必要的业务机构。检察官员额较少的设区的市级人民检察院和基层人民检察院，可以设综合业务机构。

3.人民检察院的任务及职能

人民检察院的任务

根据《宪法》和《中华人民共和国人民检察院组织法》的规定，人民检察院的任务是通过行使检察权，追诉犯罪，维护国家安全和社会秩序，维护个人和组织的合法权益，维护国家利益和社会公共利益，保障法律正确实施，维护社会公平正义，维护国家法制统一、尊严和权威，保障中国特色社会主义建设的顺利进行。

人民检察院的职能

法律监督。具体包括对侦查活动和审判活动进行监督，对刑事判决的执行以及对民事执行活动的监督。

对刑事案件提起并支持公诉。人民检察院对于监察机关调查终结或公安机关侦查终结、移送起诉的刑事案件进行审查，认为犯罪事实清楚，证据确实充分，依法应追究刑事责任的，人民检察院向有管辖权的法院提起公诉。

刑事侦查。检察机关有权对于法律规定可以直接受理的刑事案件立案并进行侦查，人民检察院在对诉讼活动实行法律监督中发现的司法工作人员利用职权实施的非法拘禁、刑讯逼供、非法搜查等侵犯公民权利、损害司法公正的犯罪，可以由人民检察院立案侦查。对于公安机关管辖的国家机关工作人员利用职权实施的重大犯罪案件，需要由人民检察院直接受理的时候，经省级以上人民检察院决定，可以由人民检察院立案侦查。

资料链接

人民法院、人民检察院和公安机关的关系

我国《宪法》第一百四十条规定："人民法院、人民检察院和公安机关办理刑事案件，应当分工负责，互相配合，互相制约，以保证准确有效地执行法律。"公安机关负责对刑事案件的侦查、拘留；人民检察院负责检察（包括侦查）、批准逮捕以及向人民法院提起公诉；人民法院负责审判案件。

第九部分
国家的象征

　　国家象征是国家的代表和标志，体现了国家的主权和尊严，是国家历史传统和民族精神的表现。我国的国家象征主要包括国旗、国歌、国徽、首都。世界各国都有自己的国家象征，大多由宪法或法律专门加以规定，也有的由决议、决定确定，或者按照惯例而定。我国宪法对我国的国旗、国歌、国徽、首都作了专门规定。此外，国家还依据《宪法》制定了《中华人民共和国国旗法》和《中华人民共和国国徽法》。

 法条链接

　　《宪法》第一百四十一条规定："中华人民共和国国旗是五星红旗。中华人民共和国国歌是《义勇军进行曲》。"

　　《宪法》第一百四十二条规定："中华人民共和国国徽，中间是五星照耀下的天安门，周围是谷穗和齿轮。"

　　《宪法》第一百四十三条规定："中华人民共和国首都是北京。"

一、国旗

国旗在国家象征中最具典型性，使用也最为广泛。国旗通过颜色和图案来体现国家的特色。在世界各国的国旗颜色中，红色、黄色、蓝色、绿色、黑色和白色用得较多；在国旗图案中，太阳、月亮和星星用得较多。

我国的国旗是五星红旗。

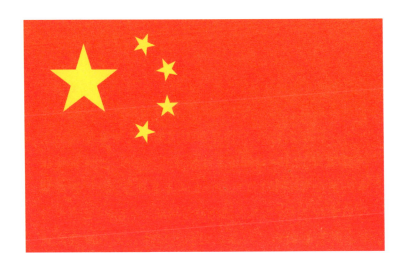

这是 1949 年 9 月中国人民政治协商会议第一次全体会议通过的《关于中华人民共和国的国都、纪年、国歌、国旗的决议》中确定的，当时称为"红地五星旗"。1954 年宪法以"五星红旗"表述，并明确为中华人民共和国国旗。此后的宪法都作了同样的规定。

国旗故事

中华人民共和国成立前夕，中国人民政治协商会议筹备委员会成立第六小组负责拟定国旗、国歌、国徽等方案。这个小组的成员有16人，他们是：马叙伦、叶剑英、沈雁冰、张奚若、田汉、马寅初、郑振铎、郭沫若、翦伯赞、钱三强、蔡畅、李立三、张澜、陈嘉庚、欧阳予倩、廖承志。组长是马叙伦，副组长是叶剑英和沈雁冰。

1949年7月，第六小组以筹备委员会名义在《人民日报》《解放日报》《新华日报》等报刊上向全国发出征求国旗、国徽图案和国歌词谱的启事。短短一个月内，共征集到来自全国各地、港澳及海外地区的国旗图案3012幅。1949年9月中国人民政治协商会议第一届全体会议期间，经过认真筛选审核的38幅候选图案印发给全体代表讨论。9月25日，毛泽东主席主持召开国旗、国徽、国歌、纪年、国都协商座谈会。会上，毛泽东主席拿起五星红旗图案说，这个图案表现我国革命人民大团结。现在要大团结，将来也要大团结。因此，现在也好，将来也好，又是团结，又是革命。他的话获得了与会代表的鼓掌同意。9月27日，中国人民政治协商会议第一届全体会议通过了《关于中华人民共和国国都、纪年、国歌、国旗的决议》，其中第四项规定：中华人民共和国的国旗为红地五星旗，象征中国革命人民大团结。1954年《中华人民共和国宪法》第一百零四条规定："中华人民共和国国旗是五星红旗。"

五星红旗的设计者是曾联松，当时他在上海现代经济通讯社工作。

我国的国旗有什么含义呢？

五星红旗的旗面为红色，象征革命。

旗面左上方缀黄色五角星五颗。一星较大，其外接圆直径为旗高十分之三，居左；四星较小，其外接圆直径为旗高十分之一，环拱于大星之右。四颗小五角星均各有一个角尖正对大五角星的中心点。这五颗五角星及其相互关系象征共产党领导下的革命人民大团结。星用黄色是为了在红地上显出光明，黄色较白色明亮美丽。四颗小五角星各有一尖对着大星的中心点，表示围绕着一个中心而团结。

国旗形状为长方形，其长与高之比为3：2。国旗的形状、颜色两面相同，旗上五星两面相对。

旗杆套白色。这是为了与旗面的红色相区别，其宽窄可根据需要来决定。

资料链接

国旗数字

1949年8月，中华人民共和国国旗图案共征集了3012幅。

1949年10月1日，毛泽东主席在天安门城楼上用洪亮的声音向全世界宣告中华人民共和国诞生，按动电钮升起了第一面五星红旗。

1954年2月，五星红旗在日内瓦会议上升起。日内瓦会议是中华人民共和国成立后第一次以五大国之一的身份参加的重要国际会议。这也是五星红旗第一次在重要的国际会议上升起。

1960年5月25日凌晨4时20分，我国登山队把五星红旗第一次插上了珠穆朗玛峰的峰顶。

1971年11月1日，五星红旗第一次升起在联合国总部大厦前。

1980年1月，我国科学家赴南极进行科学考察，在南极大陆第一次升起五星红旗。

1984年7月29日，我国射击运动员许海峰在洛杉矶获得金牌，第一次在奥运赛场升起五星红旗。

1990年10月1日，我国第一部《国旗法》颁布。

1991年初，"天安门国旗护卫队"成立，并从5月1日起实行新的升降旗仪式。国旗护卫队由36名武警官兵组成，负责每天升降国旗。每月1日和重大节日进行大升旗，武警军乐团在现场演奏国歌。

国旗杆高 32.6 米，升降国旗的时间为北京地区一年四季太阳升落时间，升国旗过程为 2 分 07 秒，从金水桥到国旗杆共需走 138 个正步。

国旗护卫队护送国旗

天安门广场升国旗仪式

1997 年 7 月 1 日零时整，五星红旗在香港会议展览中心升起，香港回归祖国。

1997 年 6 月 30 日午夜至 7 月 1 日凌晨，中英香港政权交接仪式在香港会展中心举行

2003 年 10 月 15 日，我国自主研制的神舟五号载人飞船升空，中国首位航天员杨利伟在舱内向全世界展示中国国旗。

2008 年 5 月 12 日，四川省汶川发生大地震，举世震惊。5 月 19 日至 21 日，国务院公告为全国哀悼日，全国下半旗志哀。这是国家第一次为普通百姓降国旗致哀，诠释了以人为本的全新理念，被载入共和国文明进步的历史。

2008 年 9 月 25 日，神舟七号载人飞船升空。27 日，航天员翟志刚走出飞船舱门，在太空中挥舞国旗，五星红旗在太空中光彩夺目。

2008 年 9 月 27 日，航天员翟志刚在太空中挥动中国国旗

2010 年 8 月 26 日，科技部和国家海洋局联合发布，我国首个自行设计、自主集成研制的深海载人潜

水器"蛟龙号"突破3000米深度，最大下潜深度达到3759米。五星红旗第一次插在南海3759米深处。2012年6月27日，"蛟龙号"再破纪录，最大下潜深度达到7062米，成为世界上下潜最深的作业型载人潜水器。

每个公民和组织都要依法使用国旗、尊重和爱护国旗。

《中华人民共和国国旗法》对国旗的升挂范围、升挂时间、升挂方式等都作了明确而具体的规定，使我们升挂国旗和使用国旗有了法律依据。

升挂国旗的场所和机构所在地：一些特定的场所和机构所在地应当每日升挂国旗，如天安门广场、新华门，出境入境的机场、港口、火车站和其他边境口岸，边防海防哨所等。一些机构应当在工作日升挂国旗，如国务院各部门，地方各级人大常委会、人民政府、人民法院、人民检察院等。全日制学校，除寒假、暑假和星期日外，应当每日升挂国旗。在一些节假日，有些机构也应当升挂国旗，如国庆节、国际劳动节、元旦和春节，各级国家机关和各人民团体应当升挂国旗。以上三种情况升挂国旗的，应当早晨升起，傍晚降下。应当升挂国旗的，遇有恶劣天气，可以不升挂。

升挂位置：升挂国旗应当将国旗置于显著的位置。列队举持国旗和其他旗帜行进时，国旗应当在其他旗帜之前。国旗与其他旗帜同时升挂时，应当将国旗置于中心、较高或者

国旗应当高于其他旗帜

突出的位置。

升旗仪式：升挂国旗时，可以举行升旗仪式。举行升旗仪式时，在国旗升起的过程中，参加者应当面向国旗肃立致敬，并可以奏国歌或者唱国歌。全日制中学小学，除假期外，每周举行一次升旗仪式。

升挂方式：在旗杆上升降国旗，应当徐徐升降。升起时，必须将国旗升至杆顶；降下时，不得使国旗落地。

下半旗志哀：当我国主要国家领导人、对我国作出杰出贡献的人、对世界和平或人类进步事业作出杰出贡献的人逝世时，下半旗志哀。

发生特别重大伤亡的不幸事件或者严重自然灾害造成重大伤亡时，可以下半旗志哀。

禁止：不得升挂破损、污损、褪色或者不合规格的

2008年5月19日，北京天安门广场在正常的升旗仪式后下半旗，以表达全国各族人民对四川汶川大地震遇难同胞的深切哀悼

国旗。

国旗及其图案不得用作商标和广告，不得用于私人丧事活动。

惩罚：在公众场合故意以焚烧、毁损、涂划、玷污、践踏等方式侮辱中华人民共和国国旗的，依法追究刑事责任；情节较轻的，由公安机关处以15日以下拘留。

二、国歌

国歌是代表国家的歌曲，在举行隆重集会、庆典和国际交往仪式时，通常会演奏或演唱国歌。世界各国的国

歌，有的赞美国家历史，有的歌颂祖国山河，有的祝福国家元首，有的表达反抗外来侵略、争取民族自由和独立的信念。

我国的国歌是《义勇军进行曲》。

中华人民共和国国歌

1 = G 2/4

进行曲速度

田　汉词
聂　耳曲

(1·3 55 | 6 5 | 3·1 555 | 3 1 | 555 555 | 1)·05 | 1·1 | 1·1 567 |

起　来! 不　愿　做　奴　隶　的

1 1 | 03 1 2 3 | 5 5 | 3·3 1·3 | 5·3 2 | 2 - | 6 5 | 2 3 | 53 0 5 |

人　们! 把我们的　血　肉　筑成我们　新　的　长　城!　中华民族　到了　最

3 2 3 1 | 3 0 | 5·6 1 1 | 3·3 5 5 | 2 2 2 6 | 2·5 | 1·1 |

危险的　时　候.　每　个人被　迫　着发出　最后的吼　声.起来! 起

3·3 | 5 - | 1·3 55 | 6 5 | 3·1 555 | 30 10 | 5·1 |

来! 起　来!　我　们万众　一　心,冒着敌人的　炮　火　前　进!

3·1 555 | 30 10 | 5·1 | 5·1 | 5·1 | 1 0 ‖

冒　着敌人的　炮　火　前　进! 前　进! 前　进! 进!

资料链接

国歌历史

中华人民共和国成立前夕，中国人民政治协商会议筹备委员会第六小组向全国发出征求国旗、国徽图案及国歌词谱的启事后，到 1949 年 8 月 20 日截止日期，共收到国歌歌词 632 件，国歌词谱 694 首。但经过审阅和评选，大家都感到不理想，而短时间内要创作出理想的国歌词、谱是很困难的，于是大部分人倾向在国歌未正式制定前，以田汉作词、聂耳作曲的《义勇军进行曲》为代国歌。这一意见在 9 月 25 日的协商座谈会上获得了一致通过。9 月 27 日，中国人民政治协商会议第一届全体会议通过的《关于中华人民共和国国都、纪年、国歌、国旗的决议》第三项规定：在中华人民共和国的国歌未正式制定前，以《义勇军进行曲》为国歌。

此后，因为历史的变化，《义勇军进行曲》的歌词曾被禁唱、改写。1982 年 12 月，全国人大通过决议，恢复《义勇军进行曲》为中华人民共和国国歌。但宪法一直没有规定国歌，而是遵循习惯做法，以单独的决议形式宣布。2004 年 3 月修改宪法时增加了国歌内容，将宪法第四章章名"国旗、国徽、首都"修改为"国旗、国歌、国徽、首都"，将《义勇军进行曲》作为中华人民共和国国歌写入宪法。

国歌是国家的象征和标志，我们应当热爱、尊重国歌，学唱、传唱国歌，规范、普及国歌奏唱礼仪。

国歌可以在下列场合奏唱：重要的庆典活动或者政治性公众集会开始时，正式的外交场合或者重大的国际性集会开

始时，举行升旗仪式时，重大运动赛会开始或者我国运动员在国际体育赛事中获得冠军时，遇有维护祖国尊严的斗争场合，重大公益性文艺演出活动开始时，其他重要的正式场合。

国歌不得在下列场合奏唱：私人婚丧庆悼，舞会、联谊会等娱乐活动，商业活动，非政治性节庆活动，其他在活动性质或者气氛上不适宜的场合。

奏唱国歌时，应当着装得体，精神饱满，肃立致敬，有仪式感和庄重感；自始至终跟唱，吐字清晰，节奏适当，不得改变曲调、配乐、歌词，不得中途停唱或者中途跟唱；不得交语、击节、走动或者鼓掌，不得接打电话或者从事其他无关行为。国歌不得与其他歌曲紧接奏唱。

在外事活动时，着装还应当符合外事活动要求；遇接待国宾仪式或者国际性集会时，可以连奏有关国家国歌或者有关国际组织会歌。

在运动赛会中，国歌奏唱仪式开始前应当全体起立；比赛中遇奏国歌的情况，在不违反竞赛规则的前提下，应当遵循裁判指示暂停比赛活动。

在学校活动中，除遵守一般要求外，少先队员应当行队礼。

三、国徽

国徽以特定的图案来体现国家的象征和标志。世界各国的国徽形状、图案各不相同。从形状上看，有的呈圆形，有的呈椭圆形，还有的呈盾形。从国徽的图案及其表达的含义来看，有的是本国重要历史事件的剪影和记录，有的反映了本国的地理面貌、自然资源和环境，有的反映了本国的政体、信仰和政治理想，有的表达了民族的自由、解放和独立。

　　我国国徽中间是五星照耀下的天安门，周围是谷穗和齿轮。

　　这一图案的设计者是清华大学国徽设计组（由建筑学家梁思成率领），雕塑家高庄完成国徽的定型设计。1950 年 6 月中国人民政治协商会议、中央人民政府通过，9 月 20 日以中央人民政府名义发布。1954 年宪法确认了上述国徽图

案，此后的宪法都沿用了这一规定。

 资料链接

国徽诞生

中华人民共和国国徽并没有与国旗、国歌同步诞生，而是晚了近一年时间。

中国人民政治协商会议筹备委员会第六小组向全国发出征求国旗国徽图案及国歌词谱的启事后，到1949年8月20日截止日期，国徽的应征作品只有112件，不仅数量少，而且几乎都不能令专家满意。经过反复讨论，仍无法确定，最后决定国徽图案邀请专家另行拟制。此后，筹备委员会邀请了清华大学营建系和中央美术学院分别组织一个小组设计国徽。清华大学设计组由著名建筑学家、营建系主任梁思成率领，成员包括林徽因、莫宗江、高庄、邓以蛰、王逊等。中央美术学院设计组由著名工艺美术家、教授张仃牵头，成员包括张光宇、周令钊、钟灵等。1950年6月20日晚，在周恩来总理的主持下，国徽评选委员会确定了清华大学设计的国徽图案。9月中旬，清华大学教授、著名雕塑家高庄完成了国徽的定型设计。9月20日，中央人民政府主席毛泽东发布命令，公布中华人民共和国国徽图案及对该图案的说明。中华人民共和国国徽由此诞生了。

中国边境界碑上的国徽

　　我国的国徽呈圆形，内容为国旗、天安门、齿轮和谷穗（1950 年《中华人民共和国国徽图案说明》中表述为"麦稻穗"，1954 年宪法改为"谷穗"）。中心部分是红地上的金色天安门城楼。城楼正中上方为一颗大的金色五角星；大星下边，以半弧形状环拱四颗小的金色五角星。在国徽的四周，是由两把金色谷穗组成的正圆形的环。在麦稻秆的交叉点上，是一个圆形齿轮。齿轮的中心交结着红色绶带。绶带向左右绾住谷稻而下垂，把齿轮分成上下两部分。

　　我国的国徽图案表明了我国的性质。国徽中的天安门是我国五四运动的发源地，又是新中国成立时盛大集会的场所，我国的新民主主义革命正是从五四运动开始到 1949 年

建立中华人民共和国，体现了我国各族人民的革命传统和民族精神。国徽中用齿轮和谷穗环绕周围，表明我国的国家性质是工人阶级领导的以工农联盟为基础的人民民主国家。一大四小五颗五角星，象征着中国共产党领导下的各族人民大团结。因此，国徽象征中国人民自五四运动以来的新民主主义革命斗争和工人阶级领导的以工农联盟为基础的人民民主专政的新中国的诞生。

一切组织和公民，都应当尊重和爱护国徽。

《中华人民共和国国徽法》对国徽的悬挂和使用作了具体规定。

一些特定的场所和机构应当悬挂国徽，如天安门城楼、人民大会堂、各级人民法院的审判庭、出境入境口岸的适当场所，各级人民代表大会常务委员会、人民政府、人民法院、人民检察院，中央军事委员会，外交部，国家驻外使馆、领馆和其他外交代表机构等。国徽应当悬挂在机关正门上方正中处。

一些机构的印章应当刻有国徽图案，如全国人大常委会、国务院、中央军事委员会、最高人民法院、最高人民检察院，国家驻外使馆、领馆和其他外交代表机构，等等。

一些文书、出版物应当印有国徽图案，如全国人大常委会、中华人民共和国主席和国务院颁发的荣誉证书、任命书、外交文书，等等。

禁止：国徽及其图案不得用于商标、广告，日常生活的陈设布置，私人庆吊活动，国务院办公厅规定不得使用国徽及其图案的其他场合。

不得悬挂破损、污损或者不合规格的国徽。

惩罚：在公共场合故意以焚烧、毁损、涂划、玷污、践踏等方式侮辱国徽的，依法追究刑事责任；情节较轻的，由公安机关处以 15 日以下拘留。

制作及规格：悬挂的国徽由国家指定的企业统一制作，其直径的通用尺度有三种。

四、首都

首都也称国都、首府，我国古代还称京城、京师，通常是一国的政治中心，国家最高领导机关所在地和外国驻该国

天安门城楼

的大使馆所在地。首都往往由一国的最高权力机关决定，有些还要举行全民公决。

我国的首都是北京。

1949 年 9 月 27 日，中国人民政治协商会议第一届全体会议通过的决议规定："中华人民共和国的国都定于北平。自即日起，改名北平为北京。"1954 年宪法确认了这一规定，但将"国都"改为"首都"，规定："中华人民共和国首都是北京。"此后的宪法都作了相同的规定。

 资料链接

为何选择北京为首都

将北京定为首都，是综合了各方面因素的结果。

从地理位置上看，北京地处华北大平原，北面是属于燕山山脉的军都山，西面是属于太行山脉的西山，东南通渤海，历来是我国中原地区与北部、西北和东北地区相联系的战略要地，地理位置十分重要。

从文化背景上看，北京是一座闻名中外的历史名城和文化古都。它是我国远古文化的发祥地。50 万年前，就有"北京人"生活在这里。3000 多年前的春秋战国时代，蓟国曾在此设城，燕国打败蓟国后曾在此建都，称为燕都或燕京。秦汉以来，此地一直是中国北方的重镇。公元 938 年，辽建立后以此为陪都，称为南京，改号燕京。金灭辽后，于公元 1153 年正式迁都燕京，改称中都，并且进行了大规模的改造和扩建。北京从此开始了作为我国封建王朝统治中心的历史。后来，元、明、清先后在北京建都，建都时间长达 760 年。悠久的历史、宏伟的宫殿、秀美的园林、众多的名胜古迹和历史文物，使北京成为享誉世界的文化名城。

北京又是有着光荣革命传统的城市。它是近代史上著名的戊戌变法、义和团运动的策源地。标志着新民主主义革命开始的五四运动，掀起抗日救亡的一二·九运动，都发生在这里，并影响全国，使北京成为全国革命运动的先锋和旗帜。

在中国人民政治协商会议将北京定为首都后，北京从此成为新中国的政治中心。它是中国共产党中央委员会、全国人民代表大会常务委员会、国务院、中央军事委员会、中国人民政治协商会议全国委员会等党和国家领导机关所在地，也是各国驻中国的大使馆所在地。

学习宪法　履行宪法

　　通过学习宪法，大家认识到了宪法的重要性，宪法对国家和社会，对每一位公民的生活、学习和工作都极其重要。维护宪法权威，就是维护党和人民共同意志的权威；捍卫宪法尊严，就是捍卫党和人民共同意志的尊严；保证宪法实施，就是保证人民根本利益的实现。历史经验反复证明，只有我们切实尊重和有效实施宪法，人民当家做主才有保证，党和国家事业才能顺利发展。反之，如果宪法受到漠视、削弱甚至破坏，人民权利和自由就无法保证，党和国家事业就会遭受挫折。对这些付出巨大代价得出的经验教训，我们必须倍加珍惜，每一个公民都要自觉地恪守宪法原则、弘扬宪法精神、履行宪法使命。

　　2014 年 10 月 23 日，中国共产党第十八届中央委员会第四次全体会议通过《中共中央关于全面推进依法治国若干重大问题的决定》，把完善以宪法为核心的中国特色社会主义法律体系，加强宪法实施，作为依法治国各项任务之首，强调坚持依法治国首先要坚持依宪治国，坚持依法执政首先要坚持依宪执政。要求每一项立法都符合宪法精神、反映人民意志、得到人民拥护；全国各族人民、一切国家机关和武装力量、各政党和各社会团体、各企业事业组织，都必须以宪法为根本的活动准则，并且负有维护宪法尊严、保证宪法实施的职责。违宪是最严重的违法，一切违反宪法的行为都必须予以追究和纠正。

首先，必须完善全国人大及其常委会的宪法监督制度，健全宪法解释程序机制。还要加强全国人大常委会备案审查制度和能力建设，把所有规范性文件纳入备案审查范围，依法撤销和纠正违宪违法的规范性文件。

我们要建立宪法宣誓制度，凡经人大及其常委会选举或者决定任命的国家工作人员正式就职时，都必须公开向宪法宣誓。2015 年 7 月 1 日，第十二届全国人民代表大会常务委员会通过《全国人民代表大会常务委员会关于实行宪法宣誓制度的决定》（以下简称《决定》）。《决定》指出，宪法是国家的根本法，是治国安邦的总章程，具有最高的法律地位、法律权威、法律效力。国家工作人员必须树立宪法意识，恪守宪法原则，弘扬宪法精神，履行宪法使命。为彰显宪法权威，激励和教育国家工作人员忠于宪法、遵守宪法、维护宪法，加强宪法实施，第十二届全国人民代表大会常务委员会第十五次会议决定：自 2016 年 1 月 1 日起，各级人民代表大会及县级以上各级人民代表大会常务委员会选举或者决定任命的国家工作人员，以及各级人民政府、人民法院、人民检察院任命的国家工作人员，在就职时应当公开进行宪法宣誓。

2018 年 2 月 24 日，第十二届人民代表大会常务委员会第三十三次会议对《决定》进行了修订。

《决定》明确宪法宣誓的誓词是：

我宣誓：忠于中华人民共和国宪法，维护宪法权威，履行法定职责，忠于祖国、忠于人民，恪尽职守、廉洁奉公，接受人民监督，为建设富强民主文明和谐美丽的社会主义现代化强国努力奋斗！

《决定》要求，全国人民代表大会选举或者决定任命的中华人民共和国主席、副主席，全国人民代表大会常务委员会委员长、副委员长、秘书长、委员，国务院总理、副总理、国务委员、各部部长、各委员会主任、中国人民银行行长、审计长、秘书长，中华人民共和国中央军事委员会主席、副主席、委员，国家监察委员会主任，最高人民法院院长，最高人民检察院检察长，以及全国人民代表大会专门委员会主任委员、副主任委员、委员等，在依照法定程序产生后，进行宪法宣誓。宣誓仪式由全国人民代表大会会议主席团组织。

在全国人民代表大会闭会期间，全国人民代表大会常务委员会任命或者决定任命的全国人民代表大会专门委员会个别副主任委员、委员，国务院部长、委员会主任、中国人民银行行长、审计长、秘书长，中华人民共和国中央军事委员会副主席、委员，在依照法定程序产生后，进行宪法宣誓。宣誓仪式由全国人民代表大会常务委员会委员长会议组织。

全国人民代表大会常务委员会任命的全国人民代表大会

常务委员会副秘书长，全国人民代表大会常务委员会工作委员会主任、副主任、委员，全国人民代表大会常务委员会代表资格审查委员会主任委员、副主任委员、委员等，在依照法定程序产生后，进行宪法宣誓。宣誓仪式由全国人民代表大会常务委员会委员长会议组织。

全国人民代表大会常务委员会任命或者决定任命的国家监察委员会副主任、委员，最高人民法院副院长、审判委员会委员、庭长、副庭长、审判员和军事法院院长，最高人民检察院副检察长、检察委员会委员、检察员和军事检察院检察长，中华人民共和国驻外全权代表，在依照法定程序产生后，进行宪法宣誓。宣誓仪式由国家监察委员会、最高人民法院、最高人民检察院、外交部分别组织。

国务院及其各部门、国家监察委员会、最高人民法院、最高人民检察院任命的国家工作人员，在就职时进行宪法宣誓。宣誓仪式由任命机关组织。

宣誓仪式根据情况，可以采取单独宣誓或者集体宣誓的形式。单独宣誓时，宣誓人应当左手抚按《中华人民共和国宪法》，右手举拳，诵读誓词。集体宣誓时，由一人领誓，领誓人左手抚按《中华人民共和国宪法》，右手举拳，领诵誓词；其他宣誓人整齐排列，右手举拳，跟诵誓词。

宣誓场所应当庄重、严肃，悬挂中华人民共和国国旗或者国徽。宣誓仪式应当奏唱中华人民共和国国歌。

负责组织宣誓仪式的机关，可以根据本决定并结合实际情况，对宣誓的具体事项作出规定。

山东省检察院检察官面向国旗和宪法集体宣誓

　　地方各级人民代表大会及县级以上地方各级人民代表大会常务委员会选举或者决定任命的国家工作人员，以及地方各级人民政府、监察委员会、人民法院、人民检察院任命的国家工作人员，在依照法定程序产生后，也要进行宪法宣誓。

　　为了在全社会普遍开展宪法教育，弘扬宪法精神，树立宪法和法治意识，从 2014 年开始，全国人大常委会决定把每年 12 月 4 日定为国家宪法日。国家在中小学设立法治知识课程，通过开展国家宪法日宣传教育活动等形式，充分利用社会法治教育资源，建立青少年法治教育实践基地。青少年学习宪法知识，不仅要学习宪法的基本原则与内容，也要了解立法法、选举法、人大及各类国家机构组织法、民族区域自治法等相关宪法性法律；不仅要熟悉我国宪法发展的历史，也要了解其他国家宪法发展的历史。这种系统的学习更加有助于青少年正确认识我国宪法的原则和发展。

　　总之，以宪法为核心的法治教育是国民教育体系的重要组成部分。我们每一位青少年，每一位中小学生都要认真学习宪法，牢固树立宪法意识，认真对待宪法，尊崇宪法，做遵守宪法的合格小公民。

附　录
中华人民共和国宪法

（1982 年 12 月 4 日第五届全国人民代表大会第五次会议通过　1982 年 12 月 4 日全国人民代表大会公告公布施行

根据 1988 年 4 月 12 日第七届全国人民代表大会第一次会议通过的《中华人民共和国宪法修正案》、1993 年 3 月 29 日第八届全国人民代表大会第一次会议通过的《中华人民共和国宪法修正案》、1999 年 3 月 15 日第九届全国人民代表大会第二次会议通过的《中华人民共和国宪法修正案》、2004 年 3 月 14 日第十届全国人民代表大会第二次会议通过的《中华人民共和国宪法修正案》和 2018 年 3 月 11 日第十三届全国人民代表大会第一次会议通过的《中华人民共和国宪法修正案》修正）

目　录

序　言

中国是世界上历史最悠久的国家之一。中国各族人民共同创造了光辉灿烂的文化，具有光荣的革命传统。

一八四〇年以后，封建的中国逐渐变成半殖民地、半封建的国家。中国人民为国家独立、民族解放和民主自由进行了前仆后继的英勇奋斗。

二十世纪，中国发生了翻天覆地的伟大历史变革。

一九一一年孙中山先生领导的辛亥革命，废除了封建帝制，创立了中华民国。但是，中国人民反对帝国主义和封建主义的历史任务还没有完成。

一九四九年，以毛泽东主席为领袖的中国共产党领导中国各族人民，在经历了长期的艰难曲折的武装斗争和其他形

式的斗争以后，终于推翻了帝国主义、封建主义和官僚资本主义的统治，取得了新民主主义革命的伟大胜利，建立了中华人民共和国。从此，中国人民掌握了国家的权力，成为国家的主人。

中华人民共和国成立以后，我国社会逐步实现了由新民主主义到社会主义的过渡。生产资料私有制的社会主义改造已经完成，人剥削人的制度已经消灭，社会主义制度已经确立。工人阶级领导的、以工农联盟为基础的人民民主专政，实质上即无产阶级专政，得到巩固和发展。中国人民和中国人民解放军战胜了帝国主义、霸权主义的侵略、破坏和武装挑衅，维护了国家的独立和安全，增强了国防。经济建设取得了重大的成就，独立的、比较完整的社会主义工业体系已经基本形成，农业生产显著提高。教育、科学、文化等事业有了很大的发展，社会主义思想教育取得了明显的成效。广大人民的生活有了较大的改善。

中国新民主主义革命的胜利和社会主义事业的成就，是中国共产党领导中国各族人民，在马克思列宁主义、毛泽东思想的指引下，坚持真理，修正错误，战胜许多艰难险阻而取得的。我国将长期处于社会主义初级阶段。国家的根本任务是，沿着中国特色社会主义道路，集中力量进行社会主义现代化建设。中国各族人民将继续在中国共产党领导下，在马克思列宁主义、毛泽东思想、邓小平理论、"三个代表"重要思想、科学发展观、习近平新时代中国特色社会主义思想指引下，坚持人民民主专政，坚持社会主义道路，坚持改革开放，不断完善社会主义的各项制度，发展社会主义市场经济，发展社会主义民主，健全社会主义法治，贯彻新发展理念，自力更生，艰苦奋斗，逐步实现工业、农业、国防和科学技术的现代化，推动物质文明、政治文明、精神文明、社会文明、生态文明协调发展，把我国建设成为富强民主文明和谐美丽的社会主义现代化强国，实现中华民族伟大复兴。

在我国，剥削阶级作为阶级已经消灭，但是阶级斗争还将在一定范围内长期存在。中国人民对敌视和破坏我国社会主义制度的国内外的敌对势力和敌对分子，必须进行斗争。

台湾是中华人民共和国的神圣领土的一部分。完成统一祖国的大业是包括台湾同胞在内的全中国人民的神圣职责。

社会主义的建设事业必须依靠工人、农民和知识分子，团结一切可以团结的力量。在长期的革命、建设、改革过程中，已经结成由中国共产党领导的，有各民主党派和各人民团体参加的，包括全体社会主义劳动者、社会主义事业的建设者、拥护社会主义的爱国者、拥护祖国统一和致力于中华民族伟人复兴的爱国者的广泛的爱国统一战线，这个统一战线将继续巩固和发展。中国人民政治协商会议是有广泛代表性的统一战线组织，过去发挥了重要的历史作用，今后在国家政治生活、社会生活和对外友好活动中，在进行社会主义现代化建设、维护国家的统一和团结的斗争中，将进一步发挥它的重要作用。中国共产党领导的多党合作和政治协商制度将长期存在和发展。

中华人民共和国是全国各族人民共同缔造的统一的多民

族国家。平等团结互助和谐的社会主义民族关系已经确立，并将继续加强。在维护民族团结的斗争中，要反对大民族主义，主要是大汉族主义，也要反对地方民族主义。国家尽一切努力，促进全国各民族的共同繁荣。

中国革命、建设、改革的成就是同世界人民的支持分不开的。中国的前途是同世界的前途紧密地联系在一起的。中国坚持独立自主的对外政策，坚持互相尊重主权和领土完整、互不侵犯、互不干涉内政、平等互利、和平共处的五项原则，坚持和平发展道路，坚持互利共赢开放战略，发展同各国的外交关系和经济、文化交流，推动构建人类命运共同体；坚持反对帝国主义、霸权主义、殖民主义，加强同世界各国人民的团结，支持被压迫民族和发展中国家争取和维护民族独立、发展民族经济的正义斗争，为维护世界和平和促进人类进步事业而努力。

本宪法以法律的形式确认了中国各族人民奋斗的成果，规定了国家的根本制度和根本任务，是国家的根本法，具有最高的法律效力。全国各族人民、一切国家机关和武装力量、各政党和各社会团体、各企业事业组织，都必须以宪法为根本的活动准则，并且负有维护宪法尊严、保证宪法实施的职责。

第一章　总　纲

第一条　中华人民共和国是工人阶级领导的、以工农联盟为基础的人民民主专政的社会主义国家。

社会主义制度是中华人民共和国的根本制度。中国共产党领导是中国特色社会主义最本质的特征。禁止任何组织或者个人破坏社会主义制度。

第二条　中华人民共和国的一切权力属于人民。

人民行使国家权力的机关是全国人民代表大会和地方各级人民代表大会。

人民依照法律规定，通过各种途径和形式，管理国家事务，管理经济和文化事业，管理社会事务。

第三条　中华人民共和国的国家机构实行民主集中制的原则。

全国人民代表大会和地方各级人民代表大会都由民主选举产生，对人民负责，受人民监督。

国家行政机关、监察机关、审判机关、检察机关都由人民代表大会产生，对它负责，受它监督。

中央和地方的国家机构职权的划分，遵循在中央的统一领导下，充分发挥地方的主动性、积极性的原则。

第四条　中华人民共和国各民族一律平等。国家保障各少数民族的合法的权利和利益，维护和发展各民族的平等团结互助和谐关系。禁止对任何民族的歧视和压迫，禁止破坏民族团结和制造民族分裂的行为。

国家根据各少数民族的特点和需要，帮助各少数民族地区加速经济和文化的发展。

各少数民族聚居的地方实行区域自治，设立自治机关，

行使自治权。各民族自治地方都是中华人民共和国不可分离的部分。

各民族都有使用和发展自己的语言文字的自由，都有保持或者改革自己的风俗习惯的自由。

第五条　中华人民共和国实行依法治国，建设社会主义法治国家。

国家维护社会主义法制的统一和尊严。

一切法律、行政法规和地方性法规都不得同宪法相抵触。

一切国家机关和武装力量、各政党和各社会团体、各企业事业组织都必须遵守宪法和法律。一切违反宪法和法律的行为，必须予以追究。

任何组织或者个人都不得有超越宪法和法律的特权。

第六条　中华人民共和国的社会主义经济制度的基础是生产资料的社会主义公有制，即全民所有制和劳动群众集体所有制。社会主义公有制消灭人剥削人的制度，实行各尽所能、按劳分配的原则。

国家在社会主义初级阶段，坚持公有制为主体、多种所有制经济共同发展的基本经济制度，坚持按劳分配为主体、多种分配方式并存的分配制度。

第七条　国有经济，即社会主义全民所有制经济，是国民经济中的主导力量。国家保障国有经济的巩固和发展。

第八条　农村集体经济组织实行家庭承包经营为基础、统分结合的双层经营体制。农村中的生产、供销、信用、消费等各种形式的合作经济，是社会主义劳动群众集体所有制经济。参加农村集体经济组织的劳动者，有权在法律规定的范围内经营自留地、自留山、家庭副业和饲养自留畜。

城镇中的手工业、工业、建筑业、运输业、商业、服务业等行业的各种形式的合作经济，都是社会主义劳动群众集体所有制经济。

国家保护城乡集体经济组织的合法的权利和利益，鼓励、指导和帮助集体经济的发展。

第九条　矿藏、水流、森林、山岭、草原、荒地、滩涂等自然资源，都属于国家所有，即全民所有；由法律规定属于集体所有的森林和山岭、草原、荒地、滩涂除外。

国家保障自然资源的合理利用，保护珍贵的动物和植物。禁止任何组织或者个人用任何手段侵占或者破坏自然资源。

第十条　城市的土地属于国家所有。

农村和城市郊区的土地，除由法律规定属于国家所有的以外，属于集体所有；宅基地和自留地、自留山，也属于集体所有。

国家为了公共利益的需要，可以依照法律规定对土地实行征收或者征用并给予补偿。

任何组织或者个人不得侵占、买卖或者以其他形式非法转让土地。土地的使用权可以依照法律的规定转让。

一切使用土地的组织和个人必须合理地利用土地。

第十一条　在法律规定范围内的个体经济、私营经济等

非公有制经济，是社会主义市场经济的重要组成部分。

国家保护个体经济、私营经济等非公有制经济的合法的权利和利益。国家鼓励、支持和引导非公有制经济的发展，并对非公有制经济依法实行监督和管理。

第十二条 社会主义的公共财产神圣不可侵犯。

国家保护社会主义的公共财产。禁止任何组织或者个人用任何手段侵占或者破坏国家的和集体的财产。

第十三条 公民的合法的私有财产不受侵犯。

国家依照法律规定保护公民的私有财产权和继承权。

国家为了公共利益的需要，可以依照法律规定对公民的私有财产实行征收或者征用并给予补偿。

第十四条 国家通过提高劳动者的积极性和技术水平，推广先进的科学技术，完善经济管理体制和企业经营管理制度，实行各种形式的社会主义责任制，改进劳动组织，以不断提高劳动生产率和经济效益，发展社会生产力。

国家厉行节约，反对浪费。

国家合理安排积累和消费，兼顾国家、集体和个人的利益，在发展生产的基础上，逐步改善人民的物质生活和文化生活。

国家建立健全同经济发展水平相适应的社会保障制度。

第十五条 国家实行社会主义市场经济。

国家加强经济立法，完善宏观调控。

国家依法禁止任何组织或者个人扰乱社会经济秩序。

第十六条 国有企业在法律规定的范围内有权自主

经营。

国有企业依照法律规定，通过职工代表大会和其他形式，实行民主管理。

第十七条　集体经济组织在遵守有关法律的前提下，有独立进行经济活动的自主权。

集体经济组织实行民主管理，依照法律规定选举和罢免管理人员，决定经营管理的重大问题。

第十八条　中华人民共和国允许外国的企业和其他经济组织或者个人依照中华人民共和国法律的规定在中国投资，同中国的企业或者其他经济组织进行各种形式的经济合作。

在中国境内的外国企业和其他外国经济组织以及中外合资经营的企业，都必须遵守中华人民共和国的法律。它们的合法的权利和利益受中华人民共和国法律的保护。

第十九条　国家发展社会主义的教育事业，提高全国人民的科学文化水平。

国家举办各种学校，普及初等义务教育，发展中等教育、职业教育和高等教育，并且发展学前教育。

国家发展各种教育设施，扫除文盲，对工人、农民、国家工作人员和其他劳动者进行政治、文化、科学、技术、业务的教育，鼓励自学成才。

国家鼓励集体经济组织、国家企业事业组织和其他社会力量依照法律规定举办各种教育事业。

国家推广全国通用的普通话。

第二十条　国家发展自然科学和社会科学事业，普及科

学和技术知识，奖励科学研究成果和技术发明创造。

第二十一条 国家发展医疗卫生事业，发展现代医药和我国传统医药，鼓励和支持农村集体经济组织、国家企业事业组织和街道组织举办各种医疗卫生设施，开展群众性的卫生活动，保护人民健康。

国家发展体育事业，开展群众性的体育活动，增强人民体质。

第二十二条 国家发展为人民服务、为社会主义服务的文学艺术事业、新闻广播电视事业、出版发行事业、图书馆博物馆文化馆和其他文化事业，开展群众性的文化活动。

国家保护名胜古迹、珍贵文物和其他重要历史文化遗产。

第二十三条 国家培养为社会主义服务的各种专业人才，扩大知识分子的队伍，创造条件，充分发挥他们在社会主义现代化建设中的作用。

第二十四条 国家通过普及理想教育、道德教育、文化教育、纪律和法制教育，通过在城乡不同范围的群众中制定和执行各种守则、公约，加强社会主义精神文明的建设。

国家倡导社会主义核心价值观，提倡爱祖国、爱人民、爱劳动、爱科学、爱社会主义的公德，在人民中进行爱国主义、集体主义和国际主义、共产主义的教育，进行辩证唯物主义和历史唯物主义的教育，反对资本主义的、封建主义的和其他的腐朽思想。

第二十五条 国家推行计划生育，使人口的增长同经济和社会发展计划相适应。

第二十六条　国家保护和改善生活环境和生态环境，防治污染和其他公害。

国家组织和鼓励植树造林，保护林木。

第二十七条　一切国家机关实行精简的原则，实行工作责任制，实行工作人员的培训和考核制度，不断提高工作质量和工作效率，反对官僚主义。

一切国家机关和国家工作人员必须依靠人民的支持，经常保持同人民的密切联系，倾听人民的意见和建议，接受人民的监督，努力为人民服务。

国家工作人员就职时应当依照法律规定公开进行宪法宣誓。

第二十八条　国家维护社会秩序，镇压叛国和其他危害国家安全的犯罪活动，制裁危害社会治安、破坏社会主义经济和其他犯罪的活动，惩办和改造犯罪分子。

第二十九条　中华人民共和国的武装力量属于人民。它的任务是巩固国防，抵抗侵略，保卫祖国，保卫人民的和平劳动，参加国家建设事业，努力为人民服务。

国家加强武装力量的革命化、现代化、正规化的建设，增强国防力量。

第三十条　中华人民共和国的行政区域划分如下：

（一）全国分为省、自治区、直辖市；

（二）省、自治区分为自治州、县、自治县、市；

（三）县、自治县分为乡、民族乡、镇。

直辖市和较大的市分为区、县。自治州分为县、自治县、市。

自治区、自治州、自治县都是民族自治地方。

第三十一条 国家在必要时得设立特别行政区。在特别行政区内实行的制度按照具体情况由全国人民代表大会以法律规定。

第三十二条 中华人民共和国保护在中国境内的外国人的合法权利和利益，在中国境内的外国人必须遵守中华人民共和国的法律。

中华人民共和国对于因为政治原因要求避难的外国人，可以给予受庇护的权利。

第二章　公民的基本权利和义务

第三十三条 凡具有中华人民共和国国籍的人都是中华人民共和国公民。

中华人民共和国公民在法律面前一律平等。

国家尊重和保障人权。

任何公民享有宪法和法律规定的权利，同时必须履行宪法和法律规定的义务。

第三十四条 中华人民共和国年满十八周岁的公民，不分民族、种族、性别、职业、家庭出身、宗教信仰、教育程度、财产状况、居住期限，都有选举权和被选举权；但是依照法律被剥夺政治权利的人除外。

第三十五条　中华人民共和国公民有言论、出版、集会、结社、游行、示威的自由。

第三十六条　中华人民共和国公民有宗教信仰自由。

任何国家机关、社会团体和个人不得强制公民信仰宗教或者不信仰宗教，不得歧视信仰宗教的公民和不信仰宗教的公民。

国家保护正常的宗教活动。任何人不得利用宗教进行破坏社会秩序、损害公民身体健康、妨碍国家教育制度的活动。

宗教团体和宗教事务不受外国势力的支配。

第三十七条　中华人民共和国公民的人身自由不受侵犯。

任何公民，非经人民检察院批准或者决定或者人民法院决定，并由公安机关执行，不受逮捕。

禁止非法拘禁和以其他方法非法剥夺或者限制公民的人身自由，禁止非法搜查公民的身体。

第三十八条　中华人民共和国公民的人格尊严不受侵犯。禁止用任何方法对公民进行侮辱、诽谤和诬告陷害。

第三十九条　中华人民共和国公民的住宅不受侵犯。禁止非法搜查或者非法侵入公民的住宅。

第四十条　中华人民共和国公民的通信自由和通信秘密受法律的保护。除因国家安全或者追查刑事犯罪的需要，由公安机关或者检察机关依照法律规定的程序对通信进行检查外，任何组织或者个人不得以任何理由侵犯公民的通信自由

和通信秘密。

第四十一条 中华人民共和国公民对于任何国家机关和国家工作人员，有提出批评和建议的权利；对于任何国家机关和国家工作人员的违法失职行为，有向有关国家机关提出申诉、控告或者检举的权利，但是不得捏造或者歪曲事实进行诬告陷害。

对于公民的申诉、控告或者检举，有关国家机关必须查清事实，负责处理。任何人不得压制和打击报复。

由于国家机关和国家工作人员侵犯公民权利而受到损失的人，有依照法律规定取得赔偿的权利。

第四十二条 中华人民共和国公民有劳动的权利和义务。

国家通过各种途径，创造劳动就业条件，加强劳动保护，改善劳动条件，并在发展生产的基础上，提高劳动报酬和福利待遇。

劳动是一切有劳动能力的公民的光荣职责。国有企业和城乡集体经济组织的劳动者都应当以国家主人翁的态度对待自己的劳动。国家提倡社会主义劳动竞赛，奖励劳动模范和先进工作者。国家提倡公民从事义务劳动。

国家对就业前的公民进行必要的劳动就业训练。

第四十三条 中华人民共和国劳动者有休息的权利。

国家发展劳动者休息和休养的设施，规定职工的工作时间和休假制度。

第四十四条 国家依照法律规定实行企业事业组织的职

工和国家机关工作人员的退休制度。退休人员的生活受到国家和社会的保障。

第四十五条　中华人民共和国公民在年老、疾病或者丧失劳动能力的情况下，有从国家和社会获得物质帮助的权利。国家发展为公民享受这些权利所需要的社会保险、社会救济和医疗卫生事业。

国家和社会保障残废军人的生活，抚恤烈士家属，优待军人家属。

国家和社会帮助安排盲、聋、哑和其他有残疾的公民的劳动、生活和教育。

第四十六条　中华人民共和国公民有受教育的权利和义务。

国家培养青年、少年、儿童在品德、智力、体质等方面全面发展。

第四十七条　中华人民共和国公民有进行科学研究、文学艺术创作和其他文化活动的自由。国家对于从事教育、科学、技术、文学、艺术和其他文化事业的公民的有益于人民的创造性工作，给以鼓励和帮助。

第四十八条　中华人民共和国妇女在政治的、经济的、文化的、社会的和家庭的生活等各方面享有同男子平等的权利。

国家保护妇女的权利和利益，实行男女同工同酬，培养和选拔妇女干部。

第四十九条　婚姻、家庭、母亲和儿童受国家的保护。

夫妻双方有实行计划生育的义务。

父母有抚养教育未成年子女的义务，成年子女有赡养扶助父母的义务。

禁止破坏婚姻自由，禁止虐待老人、妇女和儿童。

第五十条 中华人民共和国保护华侨的正当的权利和利益，保护归侨和侨眷的合法的权利和利益。

第五十一条 中华人民共和国公民在行使自由和权利的时候，不得损害国家的、社会的、集体的利益和其他公民的合法的自由和权利。

第五十二条 中华人民共和国公民有维护国家统一和全国各民族团结的义务。

第五十三条 中华人民共和国公民必须遵守宪法和法律，保守国家秘密，爱护公共财产，遵守劳动纪律，遵守公共秩序，尊重社会公德。

第五十四条 中华人民共和国公民有维护祖国的安全、荣誉和利益的义务，不得有危害祖国的安全、荣誉和利益的行为。

第五十五条 保卫祖国、抵抗侵略是中华人民共和国每一个公民的神圣职责。

依照法律服兵役和参加民兵组织是中华人民共和国公民的光荣义务。

第五十六条 中华人民共和国公民有依照法律纳税的义务。

第三章　国家机构

第一节　全国人民代表大会

第五十七条　中华人民共和国全国人民代表大会是最高国家权力机关。它的常设机关是全国人民代表大会常务委员会。

第五十八条　全国人民代表大会和全国人民代表大会常务委员会行使国家立法权。

第五十九条　全国人民代表大会由省、自治区、直辖市、特别行政区和军队选出的代表组成。各少数民族都应当有适当名额的代表。

全国人民代表大会代表的选举由全国人民代表大会常务委员会主持。

全国人民代表大会代表名额和代表产生办法由法律规定。

第六十条　全国人民代表大会每届任期五年。

全国人民代表大会任期届满的两个月以前，全国人民代表大会常务委员会必须完成下届全国人民代表大会代表的选举。如果遇到不能进行选举的非常情况，由全国人民代表大会常务委员会以全体组成人员的三分之二以上的多数通过，可以推迟选举，延长本届全国人民代表大会的任期。在非常情况结束后一年内，必须完成下届全国人民代表大会代表的选举。

第六十一条 全国人民代表大会会议每年举行一次，由全国人民代表大会常务委员会召集。如果全国人民代表大会常务委员会认为必要，或者有五分之一以上的全国人民代表大会代表提议，可以临时召集全国人民代表大会会议。

全国人民代表大会举行会议的时候，选举主席团主持会议。

第六十二条 全国人民代表大会行使下列职权：

（一）修改宪法；

（二）监督宪法的实施；

（三）制定和修改刑事、民事、国家机构的和其他的基本法律；

（四）选举中华人民共和国主席、副主席；

（五）根据中华人民共和国主席的提名，决定国务院总理的人选；根据国务院总理的提名，决定国务院副总理、国务委员、各部部长、各委员会主任、审计长、秘书长的人选；

（六）选举中央军事委员会主席；根据中央军事委员会主席的提名，决定中央军事委员会其他组成人员的人选；

（七）选举国家监察委员会主任；

（八）选举最高人民法院院长；

（九）选举最高人民检察院检察长；

（十）审查和批准国民经济和社会发展计划和计划执行情况的报告；

（十一）审查和批准国家的预算和预算执行情况的报告；

（十二）改变或者撤销全国人民代表大会常务委员会不适当的决定；

（十三）批准省、自治区和直辖市的建置；

（十四）决定特别行政区的设立及其制度；

（十五）决定战争和和平的问题；

（十六）应当由最高国家权力机关行使的其他职权。

第六十三条　全国人民代表大会有权罢免下列人员：

（一）中华人民共和国主席、副主席；

（二）国务院总理、副总理、国务委员、各部部长、各委员会主任、审计长、秘书长；

（三）中央军事委员会主席和中央军事委员会其他组成人员；

（四）国家监察委员会主任；

（五）最高人民法院院长；

（六）最高人民检察院检察长。

第六十四条　宪法的修改，由全国人民代表大会常务委员会或者五分之一以上的全国人民代表大会代表提议，并由全国人民代表大会以全体代表的三分之二以上的多数通过。

法律和其他议案由全国人民代表大会以全体代表的过半数通过。

第六十五条　全国人民代表大会常务委员会由下列人员组成：

委员长，

副委员长若干人，

秘书长，

委员若干人。

全国人民代表大会常务委员会组成人员中，应当有适当名额的少数民族代表。

全国人民代表大会选举并有权罢免全国人民代表大会常务委员会的组成人员。

全国人民代表大会常务委员会的组成人员不得担任国家行政机关、监察机关、审判机关和检察机关的职务。

第六十六条 全国人民代表大会常务委员会每届任期同全国人民代表大会每届任期相同，它行使职权到下届全国人民代表大会选出新的常务委员会为止。

委员长、副委员长连续任职不得超过两届。

第六十七条 全国人民代表大会常务委员会行使下列职权：

（一）解释宪法，监督宪法的实施；

（二）制定和修改除应当由全国人民代表大会制定的法律以外的其他法律；

（三）在全国人民代表大会闭会期间，对全国人民代表大会制定的法律进行部分补充和修改，但是不得同该法律的基本原则相抵触；

（四）解释法律；

（五）在全国人民代表大会闭会期间，审查和批准国民经济和社会发展计划、国家预算在执行过程中所必须作的部分调整方案；

（六）监督国务院、中央军事委员会、国家监察委员会、最高人民法院和最高人民检察院的工作；

（七）撤销国务院制定的同宪法、法律相抵触的行政法规、决定和命令；

（八）撤销省、自治区、直辖市国家权力机关制定的同宪法、法律和行政法规相抵触的地方性法规和决议；

（九）在全国人民代表大会闭会期间，根据国务院总理的提名，决定部长、委员会主任、审计长、秘书长的人选；

（十）在全国人民代表大会闭会期间，根据中央军事委员会主席的提名，决定中央军事委员会其他组成人员的人选；

（十一）根据国家监察委员会主任的提请，任免国家监察委员会副主任、委员；

（十二）根据最高人民法院院长的提请，任免最高人民法院副院长、审判员、审判委员会委员和军事法院院长；

（十三）根据最高人民检察院检察长的提请，任免最高人民检察院副检察长、检察员、检察委员会委员和军事检察院检察长，并且批准省、自治区、直辖市的人民检察院检察长的任免；

（十四）决定驻外全权代表的任免；

（十五）决定同外国缔结的条约和重要协定的批准和废除；

（十六）规定军人和外交人员的衔级制度和其他专门衔

级制度;

（十七）规定和决定授予国家的勋章和荣誉称号;

（十八）决定特赦;

（十九）在全国人民代表大会闭会期间，如果遇到国家遭受武装侵犯或者必须履行国际间共同防止侵略的条约的情况，决定战争状态的宣布;

（二十）决定全国总动员或者局部动员;

（二十一）决定全国或者个别省、自治区、直辖市进入紧急状态;

（二十二）全国人民代表大会授予的其他职权。

第六十八条 全国人民代表大会常务委员会委员长主持全国人民代表大会常务委员会的工作，召集全国人民代表大会常务委员会会议。副委员长、秘书长协助委员长工作。

委员长、副委员长、秘书长组成委员长会议，处理全国人民代表大会常务委员会的重要日常工作。

第六十九条 全国人民代表大会常务委员会对全国人民代表大会负责并报告工作。

第七十条 全国人民代表大会设立民族委员会、宪法和法律委员会、财政经济委员会、教育科学文化卫生委员会、外事委员会、华侨委员会和其他需要设立的专门委员会。在全国人民代表大会闭会期间，各专门委员会受全国人民代表大会常务委员会的领导。

各专门委员会在全国人民代表大会和全国人民代表大会常务委员会领导下，研究、审议和拟订有关议案。

第七十一条　全国人民代表大会和全国人民代表大会常务委员会认为必要的时候，可以组织关于特定问题的调查委员会，并且根据调查委员会的报告，作出相应的决议。

调查委员会进行调查的时候，一切有关的国家机关、社会团体和公民都有义务向它提供必要的材料。

第七十二条　全国人民代表大会代表和全国人民代表大会常务委员会组成人员，有权依照法律规定的程序分别提出属于全国人民代表大会和全国人民代表大会常务委员会职权范围内的议案。

第七十三条　全国人民代表大会代表在全国人民代表大会开会期间，全国人民代表大会常务委员会组成人员在常务委员会开会期间，有权依照法律规定的程序提出对国务院或者国务院各部、各委员会的质询案。受质询的机关必须负责答复。

第七十四条　全国人民代表大会代表，非经全国人民代表大会会议主席团许可，在全国人民代表大会闭会期间非经全国人民代表大会常务委员会许可，不受逮捕或者刑事审判。

第七十五条　全国人民代表大会代表在全国人民代表大会各种会议上的发言和表决，不受法律追究。

第七十六条　全国人民代表大会代表必须模范地遵守宪法和法律，保守国家秘密，并且在自己参加的生产、工作和社会活动中，协助宪法和法律的实施。

全国人民代表大会代表应当同原选举单位和人民保持

密切的联系，听取和反映人民的意见和要求，努力为人民服务。

第七十七条 全国人民代表大会代表受原选举单位的监督。原选举单位有权依照法律规定的程序罢免本单位选出的代表。

第七十八条 全国人民代表大会和全国人民代表大会常务委员会的组织和工作程序由法律规定。

第二节 中华人民共和国主席

第七十九条 中华人民共和国主席、副主席由全国人民代表大会选举。

有选举权和被选举权的年满四十五周岁的中华人民共和国公民可以被选为中华人民共和国主席、副主席。

中华人民共和国主席、副主席每届任期同全国人民代表大会每届任期相同。

第八十条 中华人民共和国主席根据全国人民代表大会的决定和全国人民代表大会常务委员会的决定，公布法律，任免国务院总理、副总理、国务委员、各部部长、各委员会主任、审计长、秘书长，授予国家的勋章和荣誉称号，发布特赦令，宣布进入紧急状态，宣布战争状态，发布动员令。

第八十一条 中华人民共和国主席代表中华人民共和国，进行国事活动，接受外国使节；根据全国人民代表大会常务委员会的决定，派遣和召回驻外全权代表，批准和废除同外国缔结的条约和重要协定。

第八十二条　中华人民共和国副主席协助主席工作。

中华人民共和国副主席受主席的委托，可以代行主席的部分职权。

第八十三条　中华人民共和国主席、副主席行使职权到下届全国人民代表大会选出的主席、副主席就职为止。

第八十四条　中华人民共和国主席缺位的时候，由副主席继任主席的职位。

中华人民共和国副主席缺位的时候，由全国人民代表大会补选。

中华人民共和国主席、副主席都缺位的时候，由全国人民代表大会补选；在补选以前，由全国人民代表大会常务委员会委员长暂时代理主席职位。

第三节　国　务　院

第八十五条　中华人民共和国国务院，即中央人民政府，是最高国家权力机关的执行机关，是最高国家行政机关。

第八十六条　国务院由下列人员组成：

总理，

副总理若干人，

国务委员若干人，

各部部长，

各委员会主任，

审计长，

秘书长。

国务院实行总理负责制。各部、各委员会实行部长、主任负责制。

国务院的组织由法律规定。

第八十七条 国务院每届任期同全国人民代表大会每届任期相同。

总理、副总理、国务委员连续任职不得超过两届。

第八十八条 总理领导国务院的工作。副总理、国务委员协助总理工作。

总理、副总理、国务委员、秘书长组成国务院常务会议。

总理召集和主持国务院常务会议和国务院全体会议。

第八十九条 国务院行使下列职权：

（一）根据宪法和法律，规定行政措施，制定行政法规，发布决定和命令；

（二）向全国人民代表大会或者全国人民代表大会常务委员会提出议案；

（三）规定各部和各委员会的任务和职责，统一领导各部和各委员会的工作，并且领导不属于各部和各委员会的全国性的行政工作；

（四）统一领导全国地方各级国家行政机关的工作，规定中央和省、自治区、直辖市的国家行政机关的职权的具体划分；

（五）编制和执行国民经济和社会发展计划和国家预算；

（六）领导和管理经济工作和城乡建设、生态文明建设；

（七）领导和管理教育、科学、文化、卫生、体育和计划生育工作；

（八）领导和管理民政、公安、司法行政等工作；

（九）管理对外事务，同外国缔结条约和协定；

（十）领导和管理国防建设事业；

（十一）领导和管理民族事务，保障少数民族的平等权利和民族自治地方的自治权利；

（十二）保护华侨的正当的权利和利益，保护归侨和侨眷的合法的权利和利益；

（十三）改变或者撤销各部、各委员会发布的不适当的命令、指示和规章；

（十四）改变或者撤销地方各级国家行政机关的不适当的决定和命令；

（十五）批准省、自治区、直辖市的区域划分，批准自治州、县、自治县、市的建置和区域划分；

（十六）依照法律规定决定省、自治区、直辖市的范围内部分地区进入紧急状态；

（十七）审定行政机构的编制，依照法律规定任免、培训、考核和奖惩行政人员；

（十八）全国人民代表大会和全国人民代表大会常务委员会授予的其他职权。

第九十条　国务院各部部长、各委员会主任负责本部门的工作；召集和主持部务会议或者委员会会议、委务会议，

讨论决定本部门工作的重大问题。

各部、各委员会根据法律和国务院的行政法规、决定、命令，在本部门的权限内，发布命令、指示和规章。

第九十一条 国务院设立审计机关，对国务院各部门和地方各级政府的财政收支，对国家的财政金融机构和企业事业组织的财务收支，进行审计监督。

审计机关在国务院总理领导下，依照法律规定独立行使审计监督权，不受其他行政机关、社会团体和个人的干涉。

第九十二条 国务院对全国人民代表大会负责并报告工作；在全国人民代表大会闭会期间，对全国人民代表大会常务委员会负责并报告工作。

第四节 中央军事委员会

第九十三条 中华人民共和国中央军事委员会领导全国武装力量。

中央军事委员会由下列人员组成：

主席，

副主席若干人，

委员若干人。

中央军事委员会实行主席负责制。

中央军事委员会每届任期同全国人民代表大会每届任期相同。

第九十四条 中央军事委员会主席对全国人民代表大会和全国人民代表大会常务委员会负责。

第五节　地方各级人民代表大会和地方各级人民政府

第九十五条　省、直辖市、县、市、市辖区、乡、民族乡、镇设立人民代表大会和人民政府。

地方各级人民代表大会和地方各级人民政府的组织由法律规定。

自治区、自治州、自治县设立自治机关。自治机关的组织和工作根据宪法第三章第五节、第六节规定的基本原则由法律规定。

第九十六条　地方各级人民代表大会是地方国家权力机关。

县级以上的地方各级人民代表大会设立常务委员会。

第九十七条　省、直辖市、设区的市的人民代表大会代表由下一级的人民代表大会选举；县、不设区的市、市辖区、乡、民族乡、镇的人民代表大会代表由选民直接选举。

地方各级人民代表大会代表名额和代表产生办法由法律规定。

第九十八条　地方各级人民代表大会每届任期五年。

第九十九条　地方各级人民代表大会在本行政区域内，保证宪法、法律、行政法规的遵守和执行；依照法律规定的权限，通过和发布决议，审查和决定地方的经济建设、文化建设和公共事业建设的计划。

县级以上的地方各级人民代表大会审查和批准本行政区域内的国民经济和社会发展计划、预算以及它们的执行情况的报告；有权改变或者撤销本级人民代表大会常务委员会不适当的决定。

民族乡的人民代表大会可以依照法律规定的权限采取适合民族特点的具体措施。

第一百条 省、直辖市的人民代表大会和它们的常务委员会，在不同宪法、法律、行政法规相抵触的前提下，可以制定地方性法规，报全国人民代表大会常务委员会备案。

设区的市的人民代表大会和它们的常务委员会，在不同宪法、法律、行政法规和本省、自治区的地方性法规相抵触的前提下，可以依照法律规定制定地方性法规，报本省、自治区人民代表大会常务委员会批准后施行。

第一百零一条 地方各级人民代表大会分别选举并且有权罢免本级人民政府的省长和副省长、市长和副市长、县长和副县长、区长和副区长、乡长和副乡长、镇长和副镇长。

县级以上的地方各级人民代表大会选举并且有权罢免本级监察委员会主任、本级人民法院院长和本级人民检察院检察长。选出或者罢免人民检察院检察长，须报上级人民检察院检察长提请该级人民代表大会常务委员会批准。

第一百零二条 省、直辖市、设区的市的人民代表大会代表受原选举单位的监督；县、不设区的市、市辖区、乡、民族乡、镇的人民代表大会代表受选民的监督。

地方各级人民代表大会代表的选举单位和选民有权依照法律规定的程序罢免由他们选出的代表。

第一百零三条 县级以上的地方各级人民代表大会常务

委员会由主任、副主任若干人和委员若干人组成，对本级人民代表大会负责并报告工作。

县级以上的地方各级人民代表大会选举并有权罢免本级人民代表大会常务委员会的组成人员。

县级以上的地方各级人民代表大会常务委员会的组成人员不得担任国家行政机关、监察机关、审判机关和检察机关的职务。

第一百零四条　县级以上的地方各级人民代表大会常务委员会讨论、决定本行政区域内各方面工作的重大事项；监督本级人民政府、监察委员会、人民法院和人民检察院的工作；撤销本级人民政府的不适当的决定和命令；撤销下一级人民代表大会的不适当的决议；依照法律规定的权限决定国家机关工作人员的任免；在本级人民代表大会闭会期间，罢免和补选上一级人民代表大会的个别代表。

第一百零五条　地方各级人民政府是地方各级国家权力机关的执行机关，是地方各级国家行政机关。

地方各级人民政府实行省长、市长、县长、区长、乡长、镇长负责制。

第一百零六条　地方各级人民政府每届任期同本级人民代表大会每届任期相同。

第一百零七条　县级以上地方各级人民政府依照法律规定的权限，管理本行政区域内的经济、教育、科学、文化、卫生、体育事业、城乡建设事业和财政、民政、公安、民族事务、司法行政、计划生育等行政工作，发布决定和命令，任免、培训、考核和奖惩行政工作人员。

乡、民族乡、镇的人民政府执行本级人民代表大会的决议和上级国家行政机关的决定和命令，管理本行政区域内的行政工作。

省、直辖市的人民政府决定乡、民族乡、镇的建置和区域划分。

第一百零八条 县级以上的地方各级人民政府领导所属各工作部门和下级人民政府的工作，有权改变或者撤销所属各工作部门和下级人民政府的不适当的决定。

第一百零九条 县级以上的地方各级人民政府设立审计机关。地方各级审计机关依照法律规定独立行使审计监督权，对本级人民政府和上一级审计机关负责。

第一百一十条 地方各级人民政府对本级人民代表大会负责并报告工作。县级以上的地方各级人民政府在本级人民代表大会闭会期间，对本级人民代表大会常务委员会负责并报告工作。

地方各级人民政府对上一级国家行政机关负责并报告工作。全国地方各级人民政府都是国务院统一领导下的国家行政机关，都服从国务院。

第一百一十一条 城市和农村按居民居住地区设立的居民委员会或者村民委员会是基层群众性自治组织。居民委员会、村民委员会的主任、副主任和委员由居民选举。居民委员会、村民委员会同基层政权的相互关系由法律规定。

居民委员会、村民委员会设人民调解、治安保卫、公共卫生等委员会，办理本居住地区的公共事务和公益事业，调解民间纠纷，协助维护社会治安，并且向人民政府反映群众的意见、要求和提出建议。

第六节　民族自治地方的自治机关

第一百一十二条　民族自治地方的自治机关是自治区、自治州、自治县的人民代表大会和人民政府。

第一百一十三条　自治区、自治州、自治县的人民代表大会中，除实行区域自治的民族的代表外，其他居住在本行政区域内的民族也应当有适当名额的代表。

自治区、自治州、自治县的人民代表大会常务委员会中应当有实行区域自治的民族的公民担任主任或者副主任。

第一百一十四条　自治区主席、自治州州长、自治县县长由实行区域自治的民族的公民担任。

第一百一十五条　自治区、自治州、自治县的自治机关行使宪法第三章第五节规定的地方国家机关的职权，同时依照宪法、民族区域自治法和其他法律规定的权限行使自治权，根据本地方实际情况贯彻执行国家的法律、政策。

第一百一十六条　民族自治地方的人民代表大会有权依照当地民族的政治、经济和文化的特点，制定自治条例和单行条例。自治区的自治条例和单行条例，报全国人民代表大会常务委员会批准后生效。自治州、自治县的自治条例和单行条例，报省或者自治区的人民代表大会常务委员会批准后生效，并报全国人民代表大会常务委员会备案。

第一百一十七条　民族自治地方的自治机关有管理地方财政的自治权。凡是依照国家财政体制属于民族自治地方的财政收入，都应当由民族自治地方的自治机关自主地安排使用。

第一百一十八条　民族自治地方的自治机关在国家计划的指导下，自主地安排和管理地方性的经济建设事业。

国家在民族自治地方开发资源、建设企业的时候，应当照顾民族自治地方的利益。

第一百一十九条　民族自治地方的自治机关自主地管理本地方的教育、科学、文化、卫生、体育事业，保护和整理民族的文化遗产，发展和繁荣民族文化。

第一百二十条　民族自治地方的自治机关依照国家的军事制度和当地的实际需要，经国务院批准，可以组织本地方维护社会治安的公安部队。

第一百二十一条　民族自治地方的自治机关在执行职务的时候，依照本民族自治地方自治条例的规定，使用当地通用的一种或者几种语言文字。

第一百二十二条　国家从财政、物资、技术等方面帮助各少数民族加速发展经济建设和文化建设事业。

国家帮助民族自治地方从当地民族中大量培养各级干部、各种专业人才和技术工人。

第七节　监察委员会

第一百二十三条　中华人民共和国各级监察委员会是国

家的监察机关。

第一百二十四条　中华人民共和国设立国家监察委员会和地方各级监察委员会。

监察委员会由下列人员组成：

主任，

副主任若干人，

委员若干人。

监察委员会主任每届任期同本级人民代表大会每届任期相同。国家监察委员会主任连续任职不得超过两届。

监察委员会的组织和职权由法律规定。

第一百二十五条　中华人民共和国国家监察委员会是最高监察机关。

国家监察委员会领导地方各级监察委员会的工作，上级监察委员会领导下级监察委员会的工作。

第一百二十六条　国家监察委员会对全国人民代表大会和全国人民代表大会常务委员会负责。地方各级监察委员会对产生它的国家权力机关和上一级监察委员会负责。

第一百二十七条　监察委员会依照法律规定独立行使监察权，不受行政机关、社会团体和个人的干涉。

监察机关办理职务违法和职务犯罪案件，应当与审判机关、检察机关、执法部门互相配合，互相制约。

第八节　人民法院和人民检察院

第一百二十八条　中华人民共和国人民法院是国家的审

判机关。

第一百二十九条 中华人民共和国设立最高人民法院、地方各级人民法院和军事法院等专门人民法院。

最高人民法院院长每届任期同全国人民代表大会每届任期相同，连续任职不得超过两届。

人民法院的组织由法律规定。

第一百三十条 人民法院审理案件，除法律规定的特别情况外，一律公开进行。被告人有权获得辩护。

第一百三十一条 人民法院依照法律规定独立行使审判权，不受行政机关、社会团体和个人的干涉。

第一百三十二条 最高人民法院是最高审判机关。

最高人民法院监督地方各级人民法院和专门人民法院的审判工作，上级人民法院监督下级人民法院的审判工作。

第一百三十三条 最高人民法院对全国人民代表大会和全国人民代表大会常务委员会负责。地方各级人民法院对产生它的国家权力机关负责。

第一百三十四条 中华人民共和国人民检察院是国家的法律监督机关。

第一百三十五条 中华人民共和国设立最高人民检察院、地方各级人民检察院和军事检察院等专门人民检察院。

最高人民检察院检察长每届任期同全国人民代表大会每届任期相同，连续任职不得超过两届。

人民检察院的组织由法律规定。

第一百三十六条 人民检察院依照法律规定独立行使检

察权，不受行政机关、社会团体和个人的干涉。

第一百三十七条　最高人民检察院是最高检察机关。

最高人民检察院领导地方各级人民检察院和专门人民检察院的工作，上级人民检察院领导下级人民检察院的工作。

第一百三十八条　最高人民检察院对全国人民代表大会和全国人民代表大会常务委员会负责。地方各级人民检察院对产生它的国家权力机关和上级人民检察院负责。

第一百三十九条　各民族公民都有用本民族语言文字进行诉讼的权利。人民法院和人民检察院对于不通晓当地通用的语言文字的诉讼参与人，应当为他们翻译。

在少数民族聚居或者多民族共同居住的地区，应当用当地通用的语言进行审理；起诉书、判决书、布告和其他文书应当根据实际需要使用当地通用的一种或者几种文字。

第一百四十条　人民法院、人民检察院和公安机关办理刑事案件，应当分工负责，互相配合，互相制约，以保证准确有效地执行法律。

第四章　国旗、国歌、国徽、首都

第一百四十一条　中华人民共和国国旗是五星红旗。

中华人民共和国国歌是《义勇军进行曲》。

第一百四十二条　中华人民共和国国徽，中间是五星照耀下的天安门，周围是谷穗和齿轮。

第一百四十三条　中华人民共和国首都是北京。

后　记

　　本书由教育部高等学校社会科学发展研究中心于2015年组织编写。编写组由时任清华大学法学院院长王振民教授牵头。

　　参加本书执笔工作的有：清华大学法学院王振民教授、北京大学法学院王磊教授、中国人民大学法学院王旭教授、中国政法大学法学院陈征教授、中国政法大学法学院姚国建教授、教育部高等学校社会科学发展研究中心王群瑛研究员、清华大学法学院刘晗副教授。本书文稿在修改过程中，得到了有关专家的大力支持。北京大学原常务副校长吴志攀教授、中国人民大学原常务副校长王利明教授、中国人民大学法学院原院长韩大元教授、北京师范大学法学院刘培峰教授、中国政法大学校长马怀德教授、清华附小教师薛晨和《人民日报》《求是》《光明日报》《经济日报》有关部门负责同志审读了书稿，提出了宝贵意见。

　　本书由教育部高等学校社会科学发展研究中心主任王炳林教授、副主任杨海英研究员统改定稿。教育部高等学校社会科学发展研究中心任青研究员和北京交通大学马克思主义学院叶红云副教授负责本书编写的组织协调，并参加了书稿的修改工作。书中部分图片由教育部高等学校社会科学发展研究中心王云涛同志拍摄。

2018 年 3 月，十三届全国人大一次会议对现行宪法进行了修改，实现了我国宪法的又一次与时俱进。为适应这次宪法修改，教育部习近平新时代中国特色社会主义思想研究中心和教育部高等学校社会科学发展研究中心组织专家学者对本书进行修订。具体修订内容主要包括三个方面：一是根据 2018 年宪法修正案对全书中涉及的相关法条和表述逐一修改；二是补充了第七部分"国家监察机关"的相关内容；三是附录部分以 2018 年版宪法替换 2004 年版宪法。此次修订工作由王炳林教授、储新宇研究员负责统改定稿，由中国政法大学法学院陈征教授执笔。教育部习近平新时代中国特色社会主义思想研究中心秘书处孙存良研究员、张意梵同志负责修订的组织协调工作。中国政法大学法学院陈永乐同志在修订过程中承担了搜集资料的工作。

2022 年 2 月

责任编辑：刘海静

装帧设计：石笑梦

图书在版编目（CIP）数据

宪法基本知识青少年读本／教育部习近平新时代中国特色
社会主义思想研究中心 组编 .—北京：人民出版社，
2015.10（2022.5 重印）

ISBN 978－7－01－015280－6

I.①宪⋯　II.①教⋯　III.①宪法－中国－青少年读物

IV.① D921-49

中国版本图书馆 CIP 数据核字（2015）第 232863 号

宪法基本知识青少年读本

XIANFA JIBEN ZHISHI QINGSHAONIAN DUBEN

（修订版）

教育部习近平新时代中国特色社会主义思想研究中心　组编

人民出版社 出版发行

（100706　北京市东城区隆福寺街 99 号）

北京盛通印刷股份有限公司印刷　新华书店经销

2015 年 10 月第 1 版　2022 年 5 月北京第 2 次印刷

开本：880 毫米 ×1230 毫米 1/32　印张：5.75

字数：120 千字

ISBN 978－7－01－015280－6　定价：50.00 元

邮购地址 100706　北京市东城区隆福寺街 99 号

人民东方图书销售中心　电话（010）65250042　65289539